品味岁月的年轮

王海波 著

上海三联书店

目　录

感知篇

感悟篇

感怀篇

感应篇

感知篇

四位民盟创始人的人生结局

　　2000 年 10 月,我和民盟市委机关同仁外出考察,在车上,当时民盟一位领导问:我们民盟到底什么时候开始有的,老祖宗有哪几个? 我脱口而出:1940 年 12 月 24 日开始酝酿,参加的有四位:黄炎培、左舜生、梁漱溟、张君劢。至今我还记得四周惊讶的面容,随之产生了一个念头,为什么不来讲一讲这四位民盟创始人的人生结局呢?

　　说来话长。四位民盟创始人中最年长的是黄炎培,1878 年 10 月 1 日出生于江苏川沙(今上海浦东)。张君劢次之,1887 年 1 月 18 日出生于江苏宝山(今上海宝山)。左舜生、梁漱溟和毛泽东同庚。左舜生 1893 年 10 月 13 日出生于湖南长沙,梁漱溟 1893 年 10 月 18 日出生于北京。他们创建民盟时,都有自己的政党或团体,黄炎培是中华职业教育社的发起人和领袖,左舜生是中国青年党的首领,梁漱溟是乡村建设协会的领袖,张君劢是国民社会党(后改组为民主社会党)首领。所以他们将这个新创建的组织取名为"中国民主政团同盟",就是政党、政治团体联盟的意思。到了 1945 年 10 月,民盟召开了临时全国代表大会(后被追认为民盟第一次全国代表大会），青年党代表和其他党派、无党派代表闹翻了。在国民党的唆使下，青年党以独立身份参加了 1946 年 1 月在重庆召开旧政协，从此与民盟分道扬镳。当年 12 月 24 日，民盟中常会决议：将违背盟纪，参加国民大会的民社党开除出盟。此前，梁漱溟因调解国共和谈失败远走重庆，并于 1947 年宣布退出民盟。到这个时候，民盟四位创始人走了三个，硕果仅存的黄炎培"生不逢时"，遇上了民盟被国民党宣布"非法团体"的厄运，在与陈立夫交涉后，无奈地带回了《中国民主同盟总部解散公告》。从他当时发表的《我与民盟》中，人们能深深地感受到他对自己创建的这个组织的深厚情感，直到他逝世，在他众多的职务中，依然保留着"民盟中央常委"。梁漱溟虽说脱离了民盟，但在国民党逮捕众多民盟盟员的危难之时，挺身而出，积极营救。

1949 年 3 月，被中共宣布为战犯的左舜生、张君劢离开大陆。左舜生先去台湾，后到香港；张君劢则先到澳门，再赴美国。

晚年，左舜生定居香港，以教书、写稿为主，还开了一家杂货店，既管进货，又管店面。他的学生回忆说，左先生上课从不看讲义，舒缓从容，井井有条。论人议事，如身历其境，如数家珍。讲到激动时，语调突变，白眉紧蹙，手指作势。往往课罢兴存，约一二同学去附近茶楼，一杯在手，一根香烟，茶香烟雾里继续话题，与他当年在民盟一言不合，怒目而视的作风判若两人。大概在 1964 年，当过李宗仁秘书的程思远登门拜访，意在劝左回归大陆，左以"大义难犯，不得要领"拒绝了。如今流传的那首诗词"软水温山，丹枫白露，海舟点点神州路，谁言游子竟忘归？归帆总被秋风误。"应是那时的作品。左舜生有个心愿，希望活到他的湖南老乡毛泽东去世后，看看这个对手结局如何，结果心愿未了。1969 年 10 月 16

日,左舜生因患尿血症死在台北荣民医院。

张君劢移居澳门后,李宗仁曾请他出任"行政院长",他拒绝了。1949 年 11 月,他应邀去印度讲学,周恩来曾派张经武劝他回国。1952 年起,张君劢定居美国,安于清贫,读书写作。蒋介石先后四次给邮寄美金,每次五千,共计两万,如果拿到今天大概不下五六十万美金。张君劢却分文不取,原数退回。我讲盟史时,总会提到这个细节。民主人士虽不是特殊材料做的,论人品还是高尚的。1969 年 2 月 23 日,因长年伏案疾书,胃病恶化,张君劢病逝于美国加州伯克利疗养院。

民盟四位创始人寿最长的是梁漱溟先生,最风光的当然是黄炎培先生。

新中国成立时,黄炎培是政务院副总理兼轻工业部部长,还担任了民建中央主席和全国政协副主席的职务,逝世前他是全国人大常委会副委员长。但是,透过风光,人们看到的是他内心的困惑与无奈。他的儿女中多人被戴上了"右派分子"的帽子;他所敬佩的李维汉竟成了中共重点批判的对象⋯⋯幸好他在 1965 年 12 月 21 日告别人世,半年以后,一场浩劫开始了。

和黄炎培不同,梁漱溟原本可以参加新政协第一次全体会议,可他倔强地留在重庆北碚。第二年他才去北京,倔强而有尊严地活着。他看到了林彪、"四人帮"集团被审判,他看到了"文化大革命"被否定,他看到了改革开放的中国春意盎然。1988 年 6 月 23 日,梁漱溟以 95 岁的高龄平静地走了。

如今,梁漱溟和张君劢被尊为新儒家的代表人物,为他俩写传记、文章的不少,特别是梁先生。左舜生在大陆虽不受重视,但只要讲中国近代史也是个人物,与李剑农、蒋廷黻齐名。黄炎培名声依旧,2010年5月中央电视台播放电视剧《黄炎培》,我看了却甚为堪忧。一则让一个操京片子的"乾隆爷"去演南方人黄炎培,二来与历史不符的硬伤比比皆是,比如黄听说救国会七君子入狱,竟跑到蒋介石那里说:"我当八君子"。这不是黄炎培,活脱脱是一个闻一多呀! 黄炎培先生做人的方式,用他自己的话讲叫做"外圆内方"。观其一生,我有了再作一文的冲动,题目是《用生命诠释'外圆内方'》。

说说民盟最早的十三位中央委员

　　民盟成立之初的名称是"民主政团同盟"，有十三位执行委员（即后来的中央委员）。这十三人中，青年党四人：左舜生、李璜、杨庚陶、林可玑；国民社会党（后改组为民主社会党）两人：张君劢、罗隆基；中华民族解放行动委员会（后改名农工民主党）两人：章伯钧、丘哲；中华职业教育社三人：黄炎培、江问渔、冷遹；以及乡村建设协会的梁漱溟和无党派人士张澜。

　　罗隆基后来讲他是无党派的，事实上最初他是以国家社会党身份参加民盟的。国社党成立时罗隆基便是重要成员，后来又以国社党的身份与张君劢、张东荪一起成为国民参政会参政员，但他在国民参政会议上，常常发表与张君劢意见相左的观点，有人问他为什么，罗隆基回答说：政治家之于党，好似行路者之于找一所屋宇，借以避蔽风雨。国社党并非高楼大厦，仅不过是一所茅屋，但在未得到高楼大厦之前，这所茅屋虽然简陋，也可以聊蔽风雨。所以有人说，罗隆基以国社党身份加入民盟"大概是找到比较满意的房子了"。

　　从人数上看，青年党最多，左舜生是总书记。黄炎培辞去主席职位后,梁漱溟提议让张君劢继任,左舜生坚决反对。张澜继任民盟主席后,盟务实际上由青年党把持。1944 年 9 月民盟改组后,青年党在盟内的影响力大大下降。1945 年 10 月民盟召开第一次全国代表大会,罗隆基与救国会联手,企图把青年党驱逐出盟,为此周恩来出面做工作,劝他们不要把青年党推到蒋介石那一面去。

如今一讲左舜生,便以反共小丑面目出现,其实左在抗日时期与中共还是合作的。1945 年 7 月他和黄炎培等人访问延安,回来后讲了中共的好话,闻一多以此为证,说延安是白的,重庆是黑的。李璜在影片《建国大业》中被丑化了,况且毛泽东到重庆与蒋介石谈判时他也不在国内。李璜一向反共,但在参加民盟后,与中共也有合作。抗战胜利后,国民党以"游而不击"为由,拒绝中共参与接受日军投降,李璜主持的《中国日报》对中共在抗战中的表现予以客观公正的评价。

除了左舜生、李璜,林可玑算个人物。他是福建人,早年留学法国时参加青年党,历任青年党福建省党部主任委员、中央执行委员,1947 年增补国民参政会参政员。新中国成立前夕去台湾,历任立法委员,青年党中央常委、秘书长、干事长,1997 年病逝台湾。

奇怪的是那个杨庚陶,我无论如何也找不到蛛丝马迹,无奈之下向重庆李朝林兄求教,朝林告之资料极少,照片亦无。

国社党影响虽不及青年党,但党魁张君劢绝对是个人物。早年追随梁启超,创办过国立政治大学和《新路》杂志,因反对国民党独裁专制曾遭特务绑架,后因参加国民大会被民盟开除,1949 年被毛泽东宣布为"战犯"。晚年定居美国,拒收蒋介石送他的钱款。有趣的是不少人因为他妹妹张幼仪才知晓他的。他是 1969 年病逝在美国的,那时他提倡复兴儒学,是新儒家代表人物。

　　十三位执委中代表中华民族解放行动委员会是章伯钧和丘哲。这个中华民族解放行动委员会就是 1930 年 8 月在上海成立的国民党临时行动委员会，1947 年 2 月又改名为农工民主党。章伯钧和邓演达是这个党的创始人，邓演达牺牲后，章伯钧成为这个党的领导人。章伯钧 1923 年由朱德介绍加入中共，南昌起义后脱党。这个人身上浓厚的"江湖气"。据上海民盟最早的专职干部孙征羽说，民盟被迫解散后，孙因生活困难去找章伯钧，章说你参加农工党吧，孙没答应，章就不管他了。孙说章喜欢搞"圈子"。

　　丘哲比章伯钧大十几岁，早年参加过黄花岗起义，在德国考察时与邓演达成为挚友，邓演达牺牲后，陈诚曾设家宴招待丘哲，劝他跟蒋介石合作。丘赋诗：彤彤喋血满江湖，临难从容德不孤。海内同声伸义愤，吾侪何惜掷头颅。世人耳目终难掩，此獠心肝竟绝无。惆怅生平一杯酒，伫看遗影向墙隅。1938 年丘曾任国民政治军事委员会政治部设计委员，常与周恩来交往。1948 年他积极响应五一口号，以农工党身份参政新政协。新中国成立以后，丘哲任广州市副市长、广东省副省长，1959 年 1 月去世。

　　中华职教社是除青年党之外民主政团同盟执行委员人数最多的。黄炎培大家了解的挺多，但对江问渔、冷遹恐怕知道的不多。江问渔早年是个"学霸"，在江苏省立师范毕业时名列第一。他当江苏教育厅长时，军阀孙传芳命令挑选漂亮女生数十人送到司令部，说是训练后做军事间谍。江问渔只身前往司令部，不卑不亢地说："久闻司令威加海内，素来尊圣贤之道，今日竟要训练女生刺探军情，未免有背初衷。岂不闻'己所不欲勿施于人'，若今我辈室女出卖色相，充当间谍，司令岂肯苟同？"孙传芳闻之无语，只好作罢。1928 年应黄炎培邀请，江问渔任中华职教社办事处主任，从此他视职教社为生命。民盟建立之初，黄炎培把民盟政纲拿到职教社和江问渔、冷遹等人商议，江问渔他们认为政纲中有多处过于刺激蒋介石，如果发表将会敲掉十万职教社员的饭碗，这个担心是黄炎培后来辞去民盟主席的主要原因。江问渔虽然是民盟最早的中央委员，可参加民盟活动不多。李闻血案发生后，梁漱溟、周新民赴昆明调查，是年8月25日梁在上海报告李闻血案调查经过，江问渔参加了，他当年拿到的那个调查报告几十年后流落文物市场，被一位盟友收购。1949年9月江先生作为教育界代表出席新政协，1961年2月在上海病逝。

冷遹是十三位执委中唯一被孙中山授予中将军衔的。他1902年考入安庆武备学堂，1906年加入同盟会，参加过讨袁护国运动，1917年即随黄炎培发起中华职业教育社，1928年创建镇江黄墟农村改进试验区。1945年7月和黄炎培等访问延安，给陈毅等人留下深刻印象。1949年民建集会推荐参加新政协代表，有人反对冷遹，到会的潘汉年"越反对越坚持，卒不敢有异议"。新中国成功后，冷遹历任华东军政委员水利部部长、江苏省副省长。1959年病逝。

梁漱溟是十三位执委中乡建派的唯一代表，可他是民盟领导人中大公无私、果敢无畏、刚正不阿的代表。在李闻血案发生后，他对新闻界发表讲话，那一句"特务们，你们有第三颗子弹吗？我在这里等着它！"，让我终身难忘。

说完了十二位有党派身份的执委，就剩下张澜先生了。新中国成立已70周年，这位中华人民共和国中央人民政府副主席，被毛泽东称之为"天下第一大佬"，他的生平事迹，你们都知道，就不用我介绍了。

三党三派今何在

民盟历史上有三党三派之称。三党即青年党、国家社会党（简称国社党，1946 年 8 月与民主宪政党合并，改名民主社会党，简称民社党）、农工民主党（1930 年 8 月在沪成立，当时党名为国民党临时行动委员会）；三派即中华职业教育社、乡村建设派、救国会。时过境迁，如今有影响的只有农工民主党和中华职教社了。那么，其他的二党二派到哪里去了？青年党和民社党名存实亡，乡建派和救国会一个自行消失，一个自我解散。

最早失去影响的是乡村建设派。二十世纪三十年代，中国的乡建派为数众多，其中最有影响的是以梁漱溟为代表的乡村建设派和晏阳初为首的中华平民教育社。民盟三党三派中的乡建派就是梁漱溟领导的乡村建设派。当年，梁先生在山东邹平把乡村建设搞得有声有色，陈立夫、冯玉祥、马寅初、陶行知、黄炎培都来了，丹麦和日本的教育家也来了。蒋百里看后激动地说：中国人的弱点就是统一不起来，为了抗日，就得训练农民，把这些散漫的农民组织起来。不料日本军队还没打过来，支持梁先生搞乡建的韩复榘跑了，梁先生的希望也烟销云散。哀莫大于心死，梁漱溟对乡建运动的希望破灭了。可以说在梁先生发起民主政团同盟时,他领导的那个乡建派已经名存实亡。

第二个消失的是救国会。1949 年新中国成立后,沈钧儒等便认为救国会的历史使命已经完成,于是他们在当年 12 月 18 日开会宣布救国会自行解散。周恩来虽然并不同意这个决定,但他还是参加了这个会。远在莫斯科访问的毛泽东听说后不高兴,后来批评了周恩来。也许出于这个原因,1957 年 3 月 27 日周恩来请来京参加全国政协会议的王造时到中南海西花厅吃饭,说你当年不同意救国会解散是对的,救国会可以恢复。王造时马上去找沈钧儒、史良。史良说:别恢复了,就是解散了人家还说"阴魂不散"呢。

就在救国会解散的那一年,青年党、民社党漂洋过海去了台湾。蒋介石虽说没有统一战线的说法,但是笼络人心还是懂的,除了给青年党和民社党一些官位,还以"反共抗俄宣传费"名义,拨了一笔钱款给这两个党。到了 1960 年民社党不干了,它发表书面声明,说这笔钱咱们不要了。但在台湾精英眼里青年党和民社党就是一个摆设。那个因创办《美丽岛》杂志,发起"高雄事件"被捕入狱的黄介信把青年党和民社党戏称"花瓶"还嫌不够,干脆称这两个党为"厕所里的花瓶"。蒋经国宣布开放"党禁"后,青年党和民社党四分五裂。1988 年民社党中的一部分人发起组织"党务革新委员会",成员数有多少?区区 300 余人。青年党则搞出十多个毫无影响力的小党。

对于追随蒋介石去台湾的举措,这两个党也有反思,左舜生晚年写过一首诗词,说:"从头收拾好家居,思量未必他人错。"

农工民主党是三党中至今影响最大活力最足的。事实上在新中国建立之初,它也有过解散风波。1949 年 11 月 14 日至 26 日,农工党在北京召开了第五次干部大会,会议决议:少数优秀分子争取加入中共,其他成员如愿意可加入民盟。这个党历史上名称多变:1930 年 8 月成立时叫做国民党临时行动委员,1935 年 11 月更名为中华民族解放行动委员会,1947 年 2 月定名农工民主党。党内不少人弄不清楚,况且现在又以医疗卫生方面中高级知识分子为主,去年我去广州讲民盟历史,听到一位某市农工党主委问:我们既没有一个工人,又没有一个农工,为什么叫做农工党。我告之:贵党创始人邓演达主张平民革命,就是以工人农民为主体,所里才有这个党名。

三派中保留至今尚有影响的那个中华职业教育社是黄炎培先生 1917 年发起创建的。黄炎培了不得,一生参与创建的有两党(民盟、民建)一派(中华职教社),至今仍活跃着。有人抱怨黄炎培为什么没有让中华职教社成为新政协第四十五个单位,事实上这个组织能够保留下来黄炎培起了巨大的作用。如今的中华职教社团体会员就有 2800 个,个人社员 32000 多,是联合国认定的非政府组织,论影响比在台湾几乎名存实亡的青年党、民社党大多了。

周恩来与民盟

——写在周恩来诞辰 120 周年之际

（一）

讲周恩来和民盟，1939 是一个绕不过去的年份。

那年 1 月，国民党召开了五届五中全会，通过了《限制异党活动办法》，并决定设立防共委员会。毛泽东敏锐地警觉到国民党内制造反共磨擦的危险。2 月 28 日，他在中共中央书记处会议上说要"争取中间派"。8 月 24 日，在听取周恩来领导的中共中央南方局工作汇报后，毛泽东既充分肯定南方局工作的成绩，也指出南方局工作中存在"统战没有中层阶级更大的发展"等方面的弱点。周恩来在做总结时说：过去偏重联蒋，对黄炎培、梁漱溟等中层阶级联络不够，赞同毛泽东提出的"向中层阶级发展统一战线"等工作方针。

是年 9 月，国民参政会（抗战开始后国民政府设立的国家最高咨询机构）一届四次会议在重庆召开。9 月 15 日，一场"火拼似的舌战"爆发。亲历会议的邹韬奋对此有过一段精彩的描述（他将国民党参政员称为"陪客"，非国民党参政党称之"来宾"）："这夜的辩论，在'来宾'和'陪客'之间显然分成两个阵营。你起我立，火拼似的舌战，没有一分一秒的停止，一直开到深夜三点钟模样，那热烈的情况虽不敢说是绝后，恐怕总算是空前的，尖锐达到最高峰的辩论，当然要推'结束党制'这一点了，'来宾'们一致认为有此必要，一定要把这几个字加入决议案，'陪客'却一致发挥起'不必要论'，一定不要把这几个字加入到决议案，罗隆基和李璜两先生发言最多最激昂，老将徐傅霖也挺身而出，大呼'一党专政不取消，一切都是空谈！'当时的空气已紧张到一百二十分。唇枪舌战，各显身手，好像刀光闪烁，电掣雷鸣。我在上面说过，保留这个提案表决权的第三审查会添了不少临时'转移阵地'的'陪客'，如此表决，'陪客'是占绝对多数的，所以当'陪客'有恃无恐，大呼'付表决！付表决！'主席势将表决，大将李璜跳脚突立，大喊'表决是你们的事，毫不相干，敝党（青年党）要找贵党领袖说话！'于是不敢付表决。"黄炎培是这次会议的主席，表面上不得不扮演调解者的角色，满头大汗地斡旋着。凌晨三点，他宣布将各种意见记录在案，汇交次日开会时再"慎重考虑"，遂以缓兵之计结束了这场"火拼似的舌战"。

　　梁漱溟没有参加这次会议。是年二月，他带着学生到华北、华中各战区视察，回到四川已是 10 月上旬。他和黄炎培、李璜等人多次聚会，说到国共磨擦十分激动："这个问题若不解决，近则妨碍抗战，远则重演内战，非想办法不可！"此时，凉风习习，秋意正浓，梁先生的额头却渗出豆大的汗珠，他挥手说："要解决国共磨擦，我们这些第三方面的人责无旁贷。可咱们现在零零散散，谁也用不上力，必须联合起来，共同努力，这是当关第一要事。"

　　1939 年 11 月 23 日，重庆青年会餐厅热闹异常：青年党的曾琦、左舜生、李璜，国家社会党的罗隆基（后退出该党）、罗文干、胡石青,中华民族解放行动委员会(1947 年改称农工民主党)的章伯钧、丘哲,救国会的沈钧儒、邹韬奋、张申府、章乃器,中华职业教育社的黄炎培、江问渔、冷御秋,乡村建设会的梁漱溟,以及无党派的张澜等纷纷来此聚会,统一建国同志会正式成立。

(二)

与此同时,中共中央在延安开会听取出席一届四次国民参政会议的王明、董必武、林伯渠汇报会议情况,说到中间人士"表现活跃"、"敢于讲话",毛泽东蹙眉凝思。12 月 1 日,中共中央发出了《关于组织进步力量争取时局好转的指示》,指出:"一切站国共之间主张坚持抗战团结进步的所谓中间力量,最近期间表现出政治积极性日益增长,成为推动时局好转的极重要因素。因此,我们应用极大努力帮助他们,用各种方式组织起来。"1940 年 3 月 11 日,毛泽东在中共高级干部会议上,作了《目前抗日统一战线中的策略问题》的报告,着重分析和阐述了争取中间势力的重要性:"争取中间势力,就是争取中等资产阶级,争取开明绅士,争取地方实力派。""在中国,这种中间势力有很大的力量,往往可以成为我们同顽固派斗争时决定胜负的因素,因此,必须对他们采取十分慎重的态度。"

在金冲及主编的《毛泽东传》中,我们可以看到这样一段文字:"为了准备对付国民党内顽固分子的进攻,毛泽东越来越注意到必须争取中间势力。这在他的统一战线思想中,是一个新的重要内容。"作为中共统一战线的主要执行者,争取中间势力,帮助他们组织起来,很快体现在周恩来的行动中。

1941 年 1 月 15 日,周恩来在重庆致电毛泽东:当前各小党派想成立民主联盟,以求自保和发展,我们力促其成,条件为真正中间,不要偏向国民党。电文中讲的"民主联盟"就是正在筹建的民主政团同盟。3 月 28 日,梁漱溟来到曾家岩中共办事处找周恩来长谈,说自己将赴香港办报,通过报纸把民盟成立的消息公布出去。周恩来说,如有困难,你可以去找我们在香港代表廖承志。当晚,梁漱溟在曾家岩住了一宿。梁漱溟离开后,周恩来很快为他物色了一位助手——萨空了。三十年代,萨空了任上海《立报》总编辑兼经理,在他的主持下,这份小报成为国内发行量最高的报纸。周恩来告诉萨空了,梁漱溟去香港办报,你去帮助他,还给萨空了 5 千元港币(可购近 1 百克黄金)。后来这 5 千港币以南洋富商的名义给了梁漱溟。梁先生说:"这些钱很能办些事,我捉摸是中共给的。"

（三）

民盟第一个地方组织是在昆明成立的,罗隆基是它的第一任主任委员。罗隆基原来应和梁漱溟一起去香港办报的,可在西南联大教书的他没有去。就在梁漱溟为《光明报》奔走之时,罗隆基在昆明为民盟第一任主席黄炎培摆了一桌酒席,陪同的西南联大教授有张奚若、罗文干、潘光旦、周炳琳、钱端升等。黄炎培在日记中记述了这次宴请,留下了"畅谈时事"四个字。从后来的情况看,罗文干、潘光旦、钱端升加入了民盟。

在那个宴席上,他们还谈到了中共。

以罗隆基的才华,演说、撰文"舍我其谁",但论组织才能恐怕很一般。1942 年冬,他和潘光旦、潘大逵一起筹备建立民盟昆明组织,可真正推动这个组织成立的人首推周新民。

　　周新民是 1943 年 2 月受中共南方局委派,来昆明从事统战工作的。他来后不过 3 个月,民盟昆明支部便正式成立了,周新民理所当然的担任了组织委员。是年 10 月,中共南方局宣传部长、《新华日报》总编华岗来到昆明,带来了周恩来一封亲笔信。楚图南看过这封信,信的大意是:像闻一多这样的知识分子,对国民党反动腐败是反抗的,他们也在探索,在找出路,而且他们在学术界、在青年学生中,还是有广泛的社会联系和影响的,所以应该争取他们,团结他们。可以说周恩来是发现闻一多统战价值的第一人。当然作为知识分子,华岗在推动昆明,特别是西南联大民主运动中,有着不可替代的独特作用,比如他提出成立西南文化研究会,每一两周活动一次,或在竹林茶叙,或泛舟滇池,罗隆基讲欧洲民主,闻一多讲儒家,潘光旦讲云南民族。讲着讲着,华岗说咱们来讲讲苏联民主吧。这种润物细无声的统战方式和周恩来的为人之道何其相似。

　　当然,君子和而不同,民盟先贤也有与中共观点不一的时候。比如,1945 年 10 月民盟召开临时全国代表大会,出席会议的昆明代表,对职教社特别是青年党很有意见,甚至主张把青年党驱逐出盟,周恩来很会做工作。他约李公朴、史良、李文宜、辛志超、李相符、冯素陶等人来曾家岩中共办事处谈话,说:像民盟这样三党三派组成的政党,各种意见不能完全一致是必然的,做到求同存异就行了。坚持原则是好的,但是非原则的问题也可以做一点让步嘛! 随着形势的发展,将来政治上一定范围内的分化也许难免,到了非分化不可的时候再分化也不一定是坏事,但现在不能闹翻了。冯素陶回忆说那天的谈话很热烈,不知不觉到了吃晚饭时间,周恩来留大家边吃边谈,还将香酥鸡一块一块撕下,放进每个人面前的盘子里。

(四)

1949 年以后,讲周恩来和民盟的关系,有几点是不忘记的。第一,当有人想解散民盟时,周恩来在毛泽东的授意下,两次找沈钧儒谈话,明确表示不同意。第二,他和沈钧儒等人商量,为民盟确定了以文教界中高级知识分子为主的界别。第三,他以真诚的态度,认真听取并接受民盟关于知识分子问题的调查研究和建议。

在结束这篇文章的时候,我的面前出现了 1955 年 11 月 9 日,周恩来听取民盟中央副主席章伯钧反映知识分子问题时的那个场景。章伯钧说:总理啊,农业合作化了,资本主义工商业改造了,这两翼配合社会主义工业化这个主题都前进了,那么,知识分子的地位和作用是不是也应该讨论一下。11 月 22 日,周恩来向刚从外地回到北京的毛泽东汇报了此事。第二天,毛泽东召集中共中央书记处全体成员和中央有关方面负责人开会,决定在翌年 1 月召开大型会议,全面解决知识分子问题。联想到两天前习近平看望参加全国政协会议的民盟、致公党、无党派人士侨联界委员时的讲话,以为这是"用好政党协商这个形式和制度渠道"的一个范例。

闻一多对费孝通的影响

民盟成立 50 周年之际,费孝通写过一篇《政治上的启蒙》,从这篇文章里,我们可以看到闻一多对费孝通的影响。费老在文章中讲皖南事变的发生,有力地打击了他对国民党的幻想,"从那时起,我见到潘光旦、闻一多、吴晗等同志时总要打听延安的消息,因为我知道他们和共产党是有联系的,通过这个渠道,我在政治上逐步倒向革命的一面。"费老的这个讲法,我将信将疑,在现有的史料中,我没有找到皖南事变对费老影响的踪迹,倒是当时的贫困和腐败对他和闻一多的思想变化产生了巨大的影响。在张冠生写的《费孝通》一书中,我们看到了一个在饥寒交迫中度日如年的费孝通:"他时常坐在云南大学校门口茶馆里,等人上门约稿。在拼命写稿,卖文养家的日子里,他的笔端,不由自主地溢出了愤怒:'拖了这几年的雪橇,自以为已尝过了工作的鞭子,苛刻的报酬,深夜里,双耳在转动,哪里有我的野性的呼唤? 看看自己正在向无底的深渊中没头没脑死劲的下沉,怎能不心慌? 我盼望着野性的呼声。'"这与同一时期为生活埋头刻章的闻一多何其相似,与闻一多"我只觉得自己是座没有爆发的火山,火烧得我痛,却始终没有能力炸开那禁锢我的地壳,放射出光和热来"的文字何其相似。如果费孝通 1943 年不去美国做一年的访问与文化交流,以我之见,他一定和闻一多一起出现在 1944 年 5 月 3 日那个纪念五四运动座谈会上,高呼"打倒孔家店,摧毁象牙塔"的。虽然美国之行延迟了费孝通的转变,虽然 1944 年 7 月间闻一多对他前一年写的《鸡足朝山记》中流露出的消极思想的批评让他汗颜,但"榜样是最好的引导,他(闻一多)谦逊而又坚定的声音,发人深省。"深省后的费孝通很快加入了民盟。于是,我们在 1945 年 11 月 25 日的那个夜晚,在西南联大图书馆前的那个大草坪上,在有 6000 多学生参加的时事演讲会上,在枪声中,在黑暗里,听到了费孝通"不但在黑暗中我们要呼吁和平,在枪声中我们还要呼吁和平"的呐喊。多年以后,费孝通回忆说:"学生起来反对内战,我们这些'民主教授'支持他们,蒋介石于是企图以谋杀手段锄掉我们中间最敢讲话的人。"他说:"闻一多被暗杀的那天……我听到枪声。"此后,费孝通一家被美国驻昆明领事馆领事开车接进了美国领事馆。当天深夜,美国领事馆外车声轰轰,两辆装满国民党宪兵的汽车飞驰而至,看着荷枪实弹的宪兵,彻夜不眠的费孝通脱口而出:"恨不得一下子飞到延安。"此时此刻,他的眼前仿佛出现他和闻一多、吴晗、潘光旦在一起的时光,听着闻一多转述赵超构在《延安一月》中对那个"只有四个警察"的圣地的描述。

晚年,费孝通多次提到闻一多。1988 年 4 月,他参加民盟吉林省代表大会,讲话时有人要他评价多党合作和民主监督。他信手拈来,说民盟有一位先烈闻一多,这个名字可以说明中共领导的多党合作,共产党是"一",在"一"之下有个多,就是多党合作。1991 年民盟成立 50 周年,他再提闻一多,说"受到他们的鼓励和督促,即使枪子在头上飞,我也义无反顾"。那个时候,他的学生邱泽奇说:"李公朴、闻一多事件后,你的文风明显有非常大的改进"。费老眼睛一亮,声高八度:"当有人把刀架在你脖子上的时候,你会怎么说话?"2000年4月,费孝通在上海衡山宾馆接受上海大学教授朱学勤采访,讲到闻一多激情依旧。他说:"我们当时都讲清楚的,不为做官,回来教书,知识分子要还我知识分子的本来面目。所以我一直到最近退下来,才还我知识分子本来面目。"

93岁时,费老为自己画册题名《老来依旧书生》。民盟中央原副主席吴修平说:"费老一生担任过国家许多重要职务,但是,他最看中的是北京大学教授这个头衔。"费老自己说:"我什么职务没有都可以,我就是一个教授。"

费老这个说法既是他书生本色的流露,也可以说是四十年代他和闻一多、潘光旦、吴晗他们的那个约定。

"窑洞对"和党派的关系

　　不久前,中共中央总书记习近平走访了八个民主党派中央和全国工商联。在民建中央,习总书记重提 1945 年 7 月黄炎培在延安与毛泽东就怎样走出"历史周期律"的那个著名对话。几天后,中央社会主义学院副院长叶小文在《人民日报》发表了《重提"延安对",常听诤友言》。叶先生的文章,让我想起他 11 月 7 日在《人民日报》海外版上发表的《走民主新路,跳出"兴勃亡忽"的周期律》。此文开头是"记得新中国建立前夕,黄炎培问毛泽东,我生六十余年……"看到这里,我的第一个反映是叶先生把黄炎培提问推迟了四个多年头。

　　近年来有关毛泽东与黄炎培在延安对话的文章不少,一般地讲,大家都将它称之为"窑洞对"。民盟市委老领导尚丁(曾任黄炎培秘书)就不止一次和我讲述过,还写了题为《千秋"窑洞对"》的文章。叶先生与众不同,给这个对话弄了一个新名称——"延安对"。

　　习总书记之所以在民建中央重提"窑洞对",自然因为黄炎培是民建的主要创始人。事实上黄炎培当年去延安,民建尚未酝酿。那次延安之行,黄是民盟常委,与他同行的民盟中央常委还有左舜生、章伯钧、冷遹。黄炎培他们是 7 月 5 日回到重庆的。第二天,民盟重庆市支部就为他们开了一个盛大的欢迎会,黄炎培、左舜生在会上介绍了延安感观,给张澜留下了深刻的印象。是年秋,毛泽东抵渝与蒋介石进行和平谈判,三访特园,张澜语重心长地说:"你们当坚持的,一定要坚持,好为国中保存一些干净土。"至于民建的筹建,根据黄炎培本人的日记,始于 1945 年 8 月 21 日,正式成立则为当年 12 月 16 日。

在结束这篇短文时,我从《人民政协报》上读到了一个新材料:当年与黄炎培同去延安的左舜生,在饭桌上和彭德怀也有一个对话。左舜生问:"假定有一天你的环境变了,你们有什么方法保证你们的一切做法不变质?"彭德怀说:"假定政治不能民主化,即老百姓不能过问政治,政治又不能约束军人,我想每一个军人都是会变成军阀的。"

"饭桌对"和"窑洞对"两相对照,有异曲同工之妙。

李公朴民主观及其实践对我们的启示

众所周知,李公朴是为民主而死的。那么,李公朴究竟有怎样的民主观呢? 他的民主观与民盟又有怎样一种关系呢?

从现有的史料看,李公朴最早谈论民主是留学美国期间。1928年12月23日,《生活》周刊第4卷第6期发表了他撰写的《美国普通人对选举总统之态度》。在对英、美和中国的选举制度进行比较后,李公朴说:"今后国民政府积极从事建设工作,健全五院之组织,教育与经济同时猛力发展普及,则二十年后,我国政治工商之进步,亦不难与英美并驾齐驱。"

三十年代,李公朴在沪创办了《申报》流通图书馆和《申报》业余补习学校,并积极投身抗日救亡运动,成为著名的"爱国七君子"。抗日战争全面爆发后,李公朴在延安受到毛泽东的接待,对延安和华北根据地作过一番考察。这一时期,他写过不少文章,不止一次讲到"民主集中制"。

我们知道李公朴去昆明是周恩来亲自安排的,他的秘书也是中共方面指派的秘密党员方仲伯。从李公朴到昆明后的活动看,说他是"党外布尔什维克"一点不过。

1945 年 4 月 23 日至 6 月 1 日,中国共产党在延安召开了第七次全国代表大会,第一次把民主和集中表述为"在民主基础上的集中和在集中领导下的民主",还确定了"四个服从",即"少数服从多数,个人服从组织,下级服从上级,全党服从中央"。李公朴创办的北门出版社多次翻印中共七大文件,他对中共有关民主集中制的最新论述自然不会陌生。

当时民盟内部对抗战胜利后中国应走怎样的道路有过争论,在闻黎明写的《闻一多传》中,我们可以看到有关描述。1945 年初,民盟云南省支部在李公朴家开过一次会,罗隆基在会上介绍了"第三条道路"。他认为苏联有经济民主而没有政治民主,英美则有政治民主没有经济民主,所以中国不能照搬苏联和英美的模式建国,而应该在英美与苏联的道路中寻找一条新路。是年 10 月,罗隆基的这个主张被写进了民盟一大通过的《政治报告》。李公朴出席了这次代表大会,并当选中央委员对这个《政治报告》他是赞同的。

李公朴赞同民盟一大对"中国型民主"的论述,并不说明他对民主没有自己的理解。1946 年初,他在《民主生活》周刊上,以"民主生活讲话"为题,先后发表了 5 篇文章,其中的第二篇讲的是"民主集中的理论和实践"。文章说:"我们一个人在团体中的民主精神,应该是:(一)必须受上级的指导和指挥;(二)必须服从多数人通过的决议案;(三)必须遵守团体的纪律。"这种说法,可以从中共那里找到出处,与民盟一大通过的《政治报告》对民主的描述显然不同。

难能可贵的是,李公朴不仅仅是这么说的,也是这么做的。1946 年 6 月 26 日、28 日、29 日,他连续出席民盟云南省支部举办的招待会,回顾民盟成立的历史背景,阐明民盟的政治主张,在解释民盟内部党派关系时,他强调:"为了爱护自己的国家与尊重自己国家的前途,在争取实现民主政治这个目标之下,我们是没有什么不可以在一个共同的名义下奋斗的。我们盟内之党派都能做到一切为了民主,一切为了民盟的一致主张。"

招待会结束不久,李公朴便血染昆明。他是为民盟而死的,他用自己的热血和生命诠释了什么是"民主集中制"。

李闻是民盟最亮丽的名片

——写在李公朴、闻一多殉难 70 周年之际

2006 年,我在民盟上海市委举行的纪念李公朴、闻一多殉难 60 周年座谈会上做了个发言,题目是"三个人,三段话",讲了周恩来当年亲笔撰写的悼词,梁漱溟 1946 年 7 月 18 日以民盟秘书长名义在南京对记者的讲话,以及陈仁炳 1989 年 12 月 15 日在民盟市委为他 80 寿辰举办的座谈会上讲话的片段。多年以后,参加过这个座谈会的朋友,对我当时发言时的语气、神态记忆犹新。

十年以后,我们再次纪念李公朴、闻一多,又能从中汲取什么?我以为可以从五个方面来讲。

李闻是铁案

李闻血案是蒋介石为首的国民党迫害民盟的历史铁案,这个案永远也翻不了。如今,只要一提李闻血案,社会有人出来讲它和蒋介石没有关系。但是只要我们翻一翻《唐纵日记》,白纸黑字,和蒋介石脱不了关系。1946 年 2 月 6 日,蒋介石在他的官邸决定"对

民盟为共党作鹰犬应以膺征(惩)"。是年 6 月 5 日,蒋介石又公然指示:"对民盟不必姑息,罗隆基、沈钧儒、章伯钧,应施打击。"那个国民党昆明警备总司令霍揆彰就是从老上司陈诚那里听到了"总裁指示",于是萌发了杀害李闻,邀功请赏的念头。

时势造英雄

回想当年,和平、民主是代表了中华民族最高利益的时代最强音。在 1946 年 1 月召开的政协会议上,民盟与中共通力合作,使会议通过有利于人民的五项决议。正当举国欢庆政协成功之时,国民党方面开始了破坏行动,从血洗校场口,到捣毁《民主报》,从绑架杀害盟员王任、李敷仁,到重伤上海人民和平请愿代表,一时间事件频发血案不断。在人民需要呐喊的时刻,李公朴、闻一多挺身而出,高举和平、民主的旗帜,成为那个时代的旗手和正义的化身,用生命和鲜血赢得了人民的敬重,在中华民族历史上写了可歌可泣的光辉篇章。可以说,李闻是民盟最亮丽的名片。

谁人不识君

为什么李公朴、闻一多的牺牲会产生如此大而深远的影响呢,这与李闻的社会影响和学术造诣是分不开的。众所周知,李公朴是著名的"爱国七君子"之一,闻一多是蜚声中外的学界翘楚。早在二十年代,闻一多便以《死水》闻名诗坛。三十年代,他埋头研究《诗经》《楚辞》,让同行感叹:"不仅前无古人,恐怕还要后无来者的。"三十年代的上海,李公朴以创办《申报》业余补习学校和流动图书馆而闻名,他影响数以万计的青年,让他们走上了救亡之路。

民盟了不起

之所以这么讲,基于以下两点:其一,历史证明,作为知识分子的政党,在中华民族面临两种命运抉择的风云中,民盟并不软弱,也没有动摇。正如毛泽东赞誉的那样,以李公朴、闻一多为代表的民盟英烈,在民族危难的关头,"拍桌而起""横眉冷对国民党的手枪,宁可倒下去,不愿屈服""表现我们民族的英雄气概。"其二,如果说李公朴是民盟左翼的代表,那么闻一多呢? 一个曾经的"国家主义者"的信徒、"新月诗人",居然参加了民盟,并在民盟这个大家庭的影响下成为名垂千古的民主斗士。这说明了什么,说明了民盟的伟大,说明民盟具有强烈的吸引力和凝聚力,能够把优秀的知识分子团结起来,在中华民族两种命运的决战中,做出自觉接受中国共产党领导的历史选择,带领他们走向光明。

探索真艰辛

当年,对闻一多先生影响最大的有两个人,一个是吴晗,另一个是华岗。如果没有他俩的影响,闻一多恐怕不会参加民盟,也不会成为民主斗士。新中国成立以后,华岗是山东大学第一任校长,吴晗是民盟中央副主席、北京市副市长。他们后来的坎坷遭遇,说明了以毛泽东为代表的中国共产党人对中国特色社会主义道路的探索是何等艰辛。抚今追昔,我们应更加珍惜前辈对发展道路探索的经验,以史为鉴,在实现民族伟大复兴的征途中,与中国共产党和衷共济,肝胆相照。

丹桂飘香忆先贤

黄炎培为"茅台酒"题诗

1943 年 9 月 11 日,沈叔羊为父亲沈钧儒画了一幅画,想到"好画还需好诗配",步履匆匆地走进菁园,请沈钧儒好友黄炎培题词。黄炎培看着画中那把写着"茅台"的酒壶,忽然想起多年前红军长途中在茅台酒池洗脚的传闻,挥毫写道:"喧传有客过茅台,酿酒池中洗脚来;是真是假我不管,天寒且饮两三杯"。

一晃过去了 22 个月。1945 年 7 月 1 日,黄炎培等六位国民参政员访问延安。次日下午,他们走进中央大礼堂上方一间光线明亮,布置整洁的会客厅,黄炎培惊喜地发现墙上挂着的几幅画里,竟有他为沈叔羊题诗的那一幅。

新中国成立后,黄炎培于 1952 年冬来南京,陈毅特以茅台款待,动情地说:"当年在延安,读您题写的茅台诗,十分感动。那个年代,能为共产党说话的,空谷足音,能有几人?"

诞生在中秋的"大教联"

1946 年中秋节后的第二天,西装革履的彭文应来到九江路清华同学会附设西餐厅,和张志让、沈体兰等边吃边聊。从此,上海大学民主教授联谊会(简称"大教联")诞生了,很快便吸引了上海各大学一百多位教授,其中有民盟盟员三十多位。

在当年的爱国民主运动中,大教联发挥了不可替代的独特作用。比如在被称之为转折年代的 1947 年,民盟盟员、大教联干事陈仁炳、孙大雨,曾舌战笔斗司徒雷登、魏德迈,一展民主教授之风采。

在八仙桥青年会,面对为蒋介石辩护的美国大使司徒雷登,陈仁炳义正严辞:"我父亲是你的老朋友,但不要以为我出生在一个基督教家庭,就一定会听你的话。国民党就是靠贪污而存在的,你们支持这样一个腐朽政权,给蒋介石 1 亿 3 千万颗子弹,帮助他打内战,杀害中国人民,这一点我们是不会忘记的!"

随后,在大教联成员与美国特使魏德迈会见时,孙大雨将他撰写的长达 7 千字的揭露蒋介石集团贪污腐化、独裁专治的备忘备交给魏德迈。多年以后,孙大雨还清楚地记得,魏德迈将备忘录最后有大教联成员签名的那一页撕下,匆匆塞进衣袋的细节。

秋风萧瑟"联安坊"

1947 年的秋天是民盟历史上翻不过去的一页。

在召开一届二中全会,将反对国民党独裁专制的主张昭然天下；在中共将上海周公馆等房屋财产委托民盟保管之后，国民党加剧了对民盟的迫害。

是年中秋，为躲避国民党特务追捕，民盟盟员李柱从江西潜往上海，秘密住进愚园路联安坊11号（今愚园路1320号5号楼）章伯钧家。一个皓月当空的夜晚，章伯钧带回几盒月饼，和李柱边吃边聊。当时上海形势严峻，一些盟员被特务跟踪。章伯钧诙谐地说："要是有人请我们进去（指被捕入狱），千万别忘记带走月饼呀！"说罢，放声大笑。

章伯钧深知蒋介石不会放过民盟，他叮嘱秘密返回江西的李柱，要做长期斗争的准备。此后不久，章伯钧约见民盟上海市支部组织部长尚丁，将自己戴着的那个深咖啡色的礼帽赠送给他，意味深长地说："更艰苦的斗争要由你们接手了。"

萧瑟秋风今又是。

在愚园路1320号5号楼前，在似浓似淡的桂香中，思绪仿佛带着我回到70年前的那一个秋夜……

说说民盟和九三学社的缘份

今天,跟你说说民盟和九三的缘份:

许德珩:我当过民盟联络部副部长

1980 年,许德珩开始写回忆录。说到民盟,老人家讲了这么一段话:"1941 年春季的一天,周恩来同志在重庆俄国餐厅约各党派的领袖(反动党派除外)吃饭,如张澜、沈钧儒、黄炎培、许德珩、章伯钧、罗隆基、张申府、梁漱溟等,均在被约之列。周恩来同大家说:当前人民群众和各党派对国民党的一党专政强烈不满,有必要声张民主,反对独裁。我们经过研究,认为有必要组织起来,成立中国民主政团同盟。我被推为该组织的联络部副部长。"

许老写回忆录的那一年已是九旬老人。他的孙子许进说:"四十年代在重庆,日本人的飞机把他的住所炸平了,只从废墟中捡出几件衣物,其他全部化为乌有。抗日战争胜利后返回北平,他发现存在北平的书籍、手稿全散失了。他写回忆录主要靠他的记忆。"许老自己说:"因我年岁已大,有些事记不清楚,甚至记不起来,有些事在记忆上恐怕还有错误,恳请识者指正。"

我翻遍所有史料,找不到许老说他是民盟创始人的出处,也没有他说的那个民盟联络部。

听笪移今讲他和民盟的关系

1988 年深秋的一天,在溧阳路一间老式公寓房间里,身着短衫的我,坐在穿着毛衣的笪移今先生对面,静静地听他讲述和民盟的关系:

1944 年我在重庆一家银行工作,与邓初民居住的半山新村相邻。邓先生是一家刊物的主编,我经常投稿,因此与邓相识,常去他家求教。我们相识不久,邓先生介绍我参加了民盟。

1946 年 3 月我随银行迁回上海。当时潘梓年已在上海,住在南京西路 587 号,我常去他住处和他谈政治形势。他介绍我和许涤新联系。我和许谈及邓初民介绍我参加民盟,许涤新说:民主党派是国民党统治区的政治游击队,凡是能够参加的民主党派,我们都可以参加,这样我们就可以多听些不同意见,多了解些各方面的情况。

这一年夏秋之交,楚图南由昆明到上海,我和褚辅成打招呼,推荐他去上海法学院任教。民盟被国民党当局宣布为"非法团体"后,褚老想方设法保护楚图南的安全。楚离沪去港后,在褚老的关照下,上海法学院每月派人将楚的工资如数送到他夫人手中,直到上海解放。

储安平:九三、民盟我都参加吧

新中国成立不久,储安平便参加了九三、民盟。他说:两边都请,不好意思拒绝,就两边都参加吧。

根据韩戍撰写的《储安平传》,储先生应是 1950 年下半年参加民盟的,介绍人是费孝通和潘光旦。费孝通、潘光旦是储安平的好友。储望华在《怀念我的父亲储安平》一文中说:"费伯母的热情招待,我有很深刻的印象。潘光旦教授独脚,却精神乐观豪爽,其夫人亦特别贤惠好客,对于小孩子的我们来说,留下不可磨灭的印象。"

虽说储安平与民盟好友交往甚密,但论党派,他和九三关系更深,1952 年即当选九三中央候补委员,1956 年又任九三中央委员、宣传部副部长。

2014 年,有人去重庆,在中国民主党派历史陈列馆介绍九三精英的展版上,无论如何也找不到储安平的名字。就在这一年,民盟中央主办的群言出版社出版了《强国的开端》,将储安平散落的 70 篇轶文首次辑录出版。编书的那个人就是《储安平传》作者韩戍,80 后,民盟盟员。

由民盟总部解散引发的
毛泽东致斯大林的一封电报

1998 年 1 月,杨奎松在《百年潮》发表了《斯大林特使密访西柏坡——来自俄国档案的秘密》,引用了 1947 年 11 月 30 日毛泽东给斯大林的一封电报:"随着民盟的解散,中国中小资产阶级政治派别已不复存在""在中国革命取得彻底胜利的时期,要像苏联和南斯拉夫那样,所有政党,除中共之外,都应该离开政治舞台,这样做会大大巩固中国革命。"

那一年,朱正先生正在写《1957 年的夏季:从百家争鸣到两家争鸣》。看到这一条史料,如获至宝,不仅引用了,还发表了一番议论:"甚至在取得胜利之前的 1947 年,毛泽东就已经有了不要民盟之类的民主党派的意思了。"

果真如此,其实不然。

事情还得从民盟总部被迫解散说起。

1947 年 10 月 1 日,国民党政府新闻局长董显光公然宣布民盟为"中共之附庸"。10 月 7 日,国民党西安当局以"通匪"和"贩毒"等罪名,公开枪杀民盟中央常委兼民盟西北总支主委杜斌丞。10

月 23 日,大批国民党军警特宪包围南京民盟总部。10 月 26 日,民盟中常委在上海张澜寓所紧急集会,决定派黄炎培、叶笃义赴南京与国民党当局交涉。就在黄炎培、叶笃义启程之际,国民党当局宣布民盟为"非法团体"。黄炎培忍辱负重与陈立夫周旋。11 月 5 日,民盟中常委在上海张澜寓所集会,决定次日以张澜主席的名义发表《民盟总部解散公告》。

与此同时,新华社发表《蒋介石解散民盟》。毛泽东在这篇由胡乔木撰写的时评最后加了一段话:"民盟方面现在应该得到教训,任何对美国侵略者及蒋介石统治集团或其中某些派别的幻想,都是无益于自己与人民的。应当清除这些幻想而坚定的站到真正的人民民主革命方面来,中间的道路是没有的。如果民盟能够这样做,则民盟之被蒋介石宣布为非法并不能损害民盟,却反而给了民盟以走向较之过去更为光明道路的可能性。"

就在毛泽东希望民盟"走向较之过去更为光明道路"时,他看到了《民盟总部解散公告》,于是便有了 1947 年 11 月 30 日他给斯大林的那一封电报。但很快毛泽东就对自己原有的想法做了修正。

1947 年 12 月,毛泽东在中共中央扩大会议上说:"我们对民盟帮助过,民盟也起过对我们的好作用,现蒋加以解散,一方面是被迫解散,一方面自己屈服失掉威信,我们要批评他,但还要扶助他。"

1948 年 1 月 5 日,民盟在香港召开一届三中全会,发表《紧急声明》:"本盟在全中国人民中间已有其光荣历史与不可动摇的基础,中国人民需要它,中国人民拥护它,绝不是南京反动独裁政府所能消灭!"宣布恢复民盟总部"为彻底摧毁南京反动政府,为彻底实现民主、和平、独立、统一的新中国而奋斗到底!"

在获悉民盟恢复活动的消息后,毛泽东于 1 月 14 日在一份党内指示中指出:"对于民主同盟的恢复活动,对李济深等国民党反蒋派,对在美的冯玉祥,对一切可以争取的中间派,不管他们言论行为中包括多少动摇性及错误成分,我们应采取积极争取与合作态度。"同时,毛泽东还在修改任弼时一份讲话稿时,加写了这样一段话:"杜斌丞是民主同盟的人,是一个民主分子,他被胡宗南杀死了,但是类如杜斌丞这样的人还是有的。有这样的人参加民主政府,使民主政府成为共产党领导的各革命阶级的代表人物联合组成的政府而不是共产党一党包办的政府,这样对团结中国百分之九十以上的老百姓一道奋斗是有利益的。"2 月 14 日,毛泽东又指出:"中华人民共和国的国家政权中,应当有自由资产阶级及其政治团体派遣他们的代表参加工作。"早在 1945 年 4 月,毛泽东在中共七大会议上就说过,民盟就是中国自由资产阶级的政治团体。

综上所述,毛泽东并没有如朱正所说:"甚至在取得胜利之前的 1947 年,就已经有了不要民盟之类的民主党派的意思。"让毛泽东作出中间(党派)没有了的判断并致电斯大林,以及在没有得到斯大林电报前,即修正了他原来想法,其源盖出于中国民主同盟。

胡耀邦是怎么评说民盟的

20 世纪 80 年代初,民盟中央和民盟北京市委在人民大会堂陕西厅联合举行了盛大的迎春茶话会。在洋溢着春天的温暖和欢乐的笑语声中,人们惊喜地看到了一个充满活力的身影——胡耀邦来了。

有人窃窃私语:怎么统战部长没有来,来了个宣传部长?了解内情的人说,耀邦同志要当总书记了,来和民盟的同志见见面。

时任中共中央政治局委员、宣传部长的胡耀邦笑容满面,一开口便给大家一份温馨:"春回大地,万象更新。春确实是回到大地了,无论从哪方面说,春就是回到我们的大地上来了。万象更新,我们共产党是一个'象',你们民盟这个党派也是一个'象',大家都是一个'象'。"说到这里,他看了大家一眼,神色凝重地说:"有人说我们党充满着危机,我们听了这个话,很不好受。我们自己想是不是危机呢?要是危机,就是快完蛋了,快呜呼哀哉了。我们自信我们不是危机。如果说曾经有过危机,那是三年以前,那时我们确实面临着危机。我们把'四人帮'粉碎了,挽救了这个危机。现在,我们这个党充满着生机。我们这个党啊,遗留下的问题很多,威信也确实是降低了。所以,我们就下了这么个决心,在坚持党的领导的同时,要改善我们党的领导。这也叫更新嘛。怎样改善呢？我们中央正在开会,要想出一系列有效的办法来改善党的领导。我这里只举一件事,我们党内有相当多的人是从'夜郎'来的,是贵州那个地方来的,夜郎自大,盛气凌人,骄傲自满,实在不会同党外人士合作。更新就是要改善我们党员、党组织与党外朋友的关系,搞好合作共事,这是更新的一个重要内容。"

这就是胡耀邦,对自身存在的问题,不敷衍、不回避。

说完了中共,该说说民盟了。

对于民盟,中共领导有过评价,让人印象最深的是 1949 年 12 月 6 日周恩来对出席民盟一届四中全会人员的讲话。周恩来把民盟的历史分为三个时期。第一个时期是从民盟成立到旧政协召开以前。对于这一时期,周恩来的评价是:"民盟开始表现得动摇,后来逐渐好转。"第二个时期是民盟参加旧政协到停止活动。周恩来说民盟这一时期"联共反蒋",不参加国民大会,"整个时期是好的。但民盟停止活动,有点遗憾","一个进步的政党,本来是领导人民工作的,哪能一压迫就不工作?"第三个时期是民盟在香港召开一届三中全会到新中国成立。周恩来对这一时期的民盟很满意:"就是'一面倒',倒在新民主主义方面。"

在这次讲话时,周恩来还批评了民盟中的一些激进的进步分子:"现在,有些人看到民盟没有什么前途,怕麻烦,不想再搞了,这样下去怎么能行？民盟中有不好的细胞可以去掉,但对整个民盟却不能这样。应该看到,在整个中国革命中,民盟是发展的,前进的,是大有希望、大有前途的。"

经历了反右派斗争、"文化大革命",民盟已是千疮百孔。在 80

年代的第一个春天,面对在座的民盟同志,胡耀邦怎么评价民盟呢?"你们的党怎么样呢? 我看,公公道道地讲,在许多问题上民盟有很大的优点。比如说,你们同中国人民,同中国共产党一道奋斗了几十年,有一个光荣的革命传统。这总是优点嘛。第二,你们盟内成员的绝大多数有知识,知识面是宽的,是有本事的。搞四个现代化,没有知识不行。你们的成员虽然数量少,但是从比例上说,有本事的人的比例比我们共产党大。我们有三千八百万党员,知识不够的可能占百分之七、八十。你们虽然只有两万多盟员,知识比较多的,可能占百分之九十以上。你们许多同志有知识、有学问、有真才实学。这是你们的第二个优点。第三,你们的党作风比较好,比较诚实,比较正直。诚实、正直、俭朴,这总是中国人民应该发扬的品德嘛!"

这是迄今为止,我们所听到的中共领导人对民盟最亲切、最贴切的评价。

多年后,曾经亲耳聆听胡耀邦同志讲话的费孝通当选民盟中央主席,他对民盟盟员提出了三点要求:革命的传统,切实的知识,正直的作风。他说这是耀邦同志当年在茶话会上对民盟的评价,希望大家都能这样。

2008 年,张梅颖副主席在民盟的一次会议上谈到了参政党文化。她说民盟的历史和政治实践是民盟作为参政党文化的丰厚积淀,包括"民主的精神、正直的作风、切实的知识、坦率的人品、爱国的情操"。

从费老对盟员的"三点要求"到梅颖主席讲的构成民盟作为参政党文化内涵的"五个方面",这是一种飞跃。从中,我们可以看到耀邦同志二十九年前那一次讲话的痕迹。

在那次讲话中,胡耀邦还谈到了民盟的弱点:"胆子小了一点",希望民盟敢字当头:敢于反映情况,敢于提意见,敢于抓工作,敢于帮助我们共产党纠正缺点。

二十九年后的今天,应该说耀邦同志当年对民盟提出的希望,在一定程度上已经成为现实。但是如果再深入一步,他的这个希望,对民盟来说,仍然任重而道远。

人格魅力与统一战线

2000年的春天，一位年过九旬的老人，动情地面对来采访的上海大学教授朱学勤说："毛泽东有魅力呀，现代知识分子都服他的，他的诗才、词才都很好，服了，服了！"

说话的人叫费孝通。反右派斗争时戴过"右派"帽子，"文化大革命"运动中受过冲击，他的老师潘光旦因坐地劳动受寒膀胱发炎，缺医无药，在他的怀抱中死去。

在饱尝反右和"文革"磨难之后，在经历了失去老师和好友的痛苦之后，为什么费孝通还会如此敬佩毛泽东呢？

时光倒流，让我们从历史的长河中重温那一幕幕令人感慨的往事……

1938年初，梁漱溟一路奔波，风尘仆仆地来到延安。沿途所见，一幅流离失所、争相逃难的惨景，特别是一些党国要员，无心抗战，只顾逃难，甚至把资产、妻儿送到国外，梁先生对前途很悲观。和毛泽东一见面，梁先生便恳切地说："我对国家的前途是悲观的，日寇来了，人民各自逃难，抵抗不了，中国的前途如何？中华民族会亡吗？我是来讨教的。"毛泽东抽烟喝茶，耐心地等梁把话说完，倏地站起来,大手一挥斩钉截铁地说:"中国的前途大可不必悲观,中国必胜,日本必败,只能是这个结局!"四十八年后,梁先生对毛泽东说话时的神态、语气和手势依然记忆犹新:"这次毛同我的谈话,就是他后来写的《论持久战》的主要论点,我非常佩服,五体投地。我这么说毫不带主观上的随意褒贬,而是历史事实。蒋介石的讲话、文告我听过看过多次,个别交谈也有若干次,都没有这一次毛泽东那样有这么大的吸引力和说服力。"

是年 3 月 8 日,卢作孚在武汉德明饭店宴请黄炎培。席间,梁漱溟说起年初去延安的经历,特别是与毛泽东的八次谈话。梁先生说:"此番会晤,在我印象上甚好,古时诸葛称关美髯逸群绝伦,我今亦有此叹。他不落俗套,没有矫饰,从容、自然而亲切。"

梁漱溟对毛泽东的介绍,给黄炎培留下了深刻的印象。

一晃便是七年。

1945 年 7 月,为调解国共关系,黄炎培和褚辅成等飞抵延安。在延安的五天,他和毛泽东谈话约十多个小时。毛泽东从容自然,坦率亲切,让黄炎培想起了七年前梁漱溟对毛泽东的介绍。

回到重庆,黄炎培以罕见的速度写了《延安归来》,评价毛泽东"是一位思想丰富而精锐又勇于执行者。"为了在国统区出版这本书,一向"外圆内方"的黄炎培,竟发起了一个反对国民党对报刊书籍审查制度的"拒检运动"。他幽默地说:"这叫做吃了砒霜药老虎,拼他个鱼死网破!"

在蒋介石眼里,黄炎培是老成持重,是"真正的中间派",连他都成了毛泽东的"粉丝",蒋介石的统治只能是"夕阳无限好,只是近黄昏"了。

毛泽东对民主人士和民主党派的关心不仅仅是在民主革命时

期。1949 年 11 月,民盟在京召开了一届四中全会,在某些历史事件、中间道路内部党派关系,尤其是民盟是否解散等问题上争论激烈,分歧甚大。12 月 5 日晚,毛泽东在中南海怀仁堂亲切接见了出席民盟一届四中全会的全体人员。他和九十二位代表一一握手,谈笑风生:"民盟过去做工作,现在做工作,将来还要做工作,而且不仅过去起作用,现在起作用,将来还要起作用。从前有句老话:'飞鸟尽,良弓藏',现在应该改作'飞鸟尽,良弓转'嘛,转到更好更进步的方向去。中共和民主党派团结一致的意义有两点:一是打击敌人——包括过去的现在的和将来的;二是新中国的建立如'大厦将建,独木难支,'不能只靠一个党派,'一个篱笆三个桩,一个好汉三个帮'嘛。"针对民盟内部的矛盾,毛泽东风趣地讲起了《古城会》:当古城上的张飞看到从敌人营垒回来的二哥关羽,对他提出种种疑问,这是张飞有警惕性的表现,是完全正确的。但关羽一旦斩了蔡阳,用行动表示与敌人划清了界限,张飞立刻开门迎接,与关羽又兄弟团结,共同对敌了。毛泽东用讲故事的方法,帮助民盟化解了内部的争论。

这次会见,给代表们留下了终身难忘的印象。1989 年,当年作为上海代表出席一届四中全会的陈仁炳在回忆四十年前的那一幕时,往事历历在目:毛泽东面带微笑和每一位代表握手致意。随后,他称赞费孝通兄弟都为人民作出了贡献,并与曾国藩孙子曾昭抡叙起了湘情,还为坐在左右两侧的张澜、沈钧儒倒水沏茶。会见结束,毛泽东伫立门口,目送代表一一远去。

那一夜,代表们夜不能寐。

毛泽东不仅力劝民盟不能解散,还介绍他的朋友参加民盟。五十年初,他在约请周世钊(早年在湖南省立第一师范读书时的好友)赴京参加国庆观礼时对他说:"你最好先去参加一个民主党派。民盟是知识分子的组织,你参加民盟吧。"后来,周世钊不仅参加了民盟,还担任了民盟中央委员,民盟湖南省委主委。

即使在反右斗争"文革"风浪中,毛泽东亦为周谷城、苏步青、谈家桢、赵超构等民主人士解围,晚年,毛泽东重病缠身,他还嘱托王震问候谈家桢,并在反映出席国庆招待会情况的简报上批示:可惜少了周扬、梁漱溟。

如果说毛泽东以磅礴大气令人叹服,那么周恩来则似和风细雨,让人如沐春风。

民盟酝酿创立之际,周恩来电示毛泽东:"我们力促其成。"梁漱溟赴港办报,周恩来告之:如有困难,去找我们驻港代表。因此,梁先生收到"南洋富商"五千港元时,他心知肚明:"八成是中共给的。"

民盟一大时,内部矛盾不断,周恩来请出席会议的史良、李公朴、李文宜、辛志超、冯素陶等人吃饭,语重心长地说:"民盟这样一个几党几派的人都在一起的团体,存在某些问题上的分歧是必然的,做到求同存异就行了。坚持原则是好的,非原则问题可以适当让步,只要有利于人民事业。依靠进步、团结中间、带动落后,反对敌人,这条原则是不能含糊的。随着形势的发展,将来政治上一定范围内的分化,任何政治集团都是难免的,非分化不可时分化了,不一定是坏事,但那是将来的事,现在不能闹翻了。"事实上,为了争取青年党,抗战期间,周恩来几乎每月都要去他们的党部,《列宁选集》、延安的特产,左舜生、李璜都拿过。1946 年初的旧政协会议,青年党一口气要在民盟九个名额中占五席,不然就要退出民盟单独出席,周恩来主动与国民党方面商量,民盟九个名额不变,我们让出二个,你们让出一个,再增加三个,就给青年党五个名额。张澜主席感叹地说:"共产党大公无私,为国为民。"上海解放前夕,蒋介石密令毛人凤逮捕并杀害张澜、罗隆基等民盟领袖。周恩来指示吴克坚全力营救,于是上海滩发生了惊心动魄的一幕;于是在开国大典上,人们在天安门城楼上看到长髯飘逸的张澜;在中华人民共和国政务院委员名单里,人们看到了罗隆基的名字。

这种人格魅力不仅仅体现在毛泽东、周恩来为代表的中共第一代领导身上。

十一届三中全会召开后的第一个春天,时任中共中央政治局委员、中央宣传部长的胡耀邦出席了民盟中央、民盟北京市委在人民大会堂召开的迎春茶话会。他用发自内心的真诚打动了在场的每一个人。他说:"你们的党怎么样呢? 我看,公公道道地讲,在许多问题上民盟有很大的优点。比如说,你们同中国人民,同中国共产党一道奋斗了几十年,有一个光荣的革命传统。这总是优点嘛。第二,你们盟内成员的大多数、绝大多数有知识,知识面是宽的,是有本事的。搞四个现代化,没有知识不行。你们的成员虽然数量少,但是从比例上说,有本事的人的比例比我们共产党大。我们有三千八百万党员,知识不够的可能占百分之七、八十。你们虽然只有两万多盟员,知识比较多的,可能占百分之九十以上。你们许多同志有知识、有学问、有真才实学。这是你们的第二个优点。第三,你们的党作风比较好,比较诚实,比较正直。诚实、正直、俭朴,这总是中国人民应该发扬的品德嘛!"

这么多年过去了,胡耀邦同志这一番温暖贴心的话语,至今还回响在我们耳边……

2002 年 12 月 23 日,大雪纷飞,上任不久的中共中央总书记胡锦涛走访民盟中央,当他动情地说道:"民盟具有爱国、革命的光荣传统,是中国共产党久经考验的亲密友党。长期以来,民盟同我党团结合作,建立了深厚的革命情谊,为我国革命、建设和改革开放事业作出了重要贡献"时,在场的民盟同志无不动容。

如果说在统一战线中,中共领袖以其人格魅力留下了浓墨重彩的华章的话,那些与中共风雨同舟、患难与共的民主人士身上所表现的人格魅力,亦闪光耀耀,动人心魄。

1927年4月12日傍晚,胡愈之来到枪声平息后的上海鸿兴路,微雨方止,血水流向水沟,他的鞋底沾上了烈士的血迹。当晚,他奋笔疾书,宣泄着一腔义愤:"上海市民自庆幸得以从奉鲁土匪军队下解放,不图昨日闸北,竟演空前之屠杀惨剧。受三民主义洗礼的军队竟向徒手群众开枪轰击,……目睹此兽食人之惨剧,万难苟安缄默。"次日,这份征集了郑振铎、吴觉农、周予同等人签名的抗议信上《商报》公开发表,似一声惊雷,震撼了白色恐怖笼罩的上海。多年后,周恩来对夏衍说:"中国知识分子是有勇气、有骨气的,四·一二事件后有两件事我一直不会忘记,一是胡愈之、郑振铎他们的抗议信,二是郭沫若的《请看今日之蒋介石》,这是中国正直知识分子的大无畏的壮举!"

1943年当国民党利用共产国际大做文章,发动第三次反共高潮之际,沈叔羊为父亲沈钧儒七十寿辰"画以娱之":一把上书"茅台"的酒壶,壶边上几只酒杯。沈钧儒请黄炎培题词,写什么呢?黄炎培突然想起红军长征经过遵义时在茅台酒池洗脚的传闻,于是,大笔一挥:"听传有客过茅台,酿酒池中洗脚来,是真是假我不管,天寒且饮两三杯。"不过两年的时间,黄炎培访问延安,竟然在杨家岭会客室里看到了这幅有他题词的画。1952年冬,黄炎培来到南京，陈毅用茅台酒招待，席间，陈老总说："当年在延安，读任之先生《茅台》一诗时，十分感动。在那个艰难的年代，能为我们共产党人说话的，空谷足音，能有几人?!"

在纪念李公朴、闻一多殉难六十周年的时候，我写过一篇短文，题目是《三个人，三段话》，说的是李闻被杀的第二天，梁漱溟即以民盟中央秘书长的名义对新闻界发表讲话："李闻两先生都是文人、学者，手无寸铁，除以言论号召外无其他行动。假如这样的人都斩尽杀绝，请早收起实行民主的话，不要再说，不要以此欺骗国人。我个人极想退出现实政治，致力文化工作……但是，像今天这样，我却无法退出，我不能躲避这颗子弹，我要连喊一百声'取消特务'！我倒要看看国民党特务能不能把要求民主的人都杀光。"讲到这儿，梁先生怒目横眉，掷地有声说道："特务们，你们有第三颗子弹吗？我在这里等着它!"是年 10 月 4 日，上海各界 5 千多人在天蟾舞台举行追悼李公朴、闻一多大会，周恩来亲笔撰写悼词："今天在此追悼李公朴、闻一多两先生，时局极端险恶，人心异常悲愤，但此时此地，有何话可说？我谨以最虔诚的信念，向殉道者默誓：心不死，志不绝，和平可期，民主有望，杀人者终必覆灭!"时隔四十三年，经历坎坷的陈仁炳，在民盟市委为他八十寿辰举行的座谈会上深情地说："民盟给了我第二次政治生命，在民盟的教育下我确定了我的政治方向。从 1945 年到 1949 年，在党和民盟的指引下，我精神百倍地往前迈进，在争民主反内战的道路上做了些我应该做的工作。战斗的需要叫我不能计较个人的安危，在这几年里，我一刻也没有忘记李公朴、闻一多，我不能有愧于他俩的名字。1949 年 4 月 17 日，当尚丁同志由于黄竞武同志的通讯报信，叫我即刻转移时，我转移到南京，但是黄竞武同志自己却被逮捕活埋。因此,在和蒋介石斗争的岁月里,做民主工作是一种九死一生的工作。我作为一个盟员,生活在那个境界里,民主第一,战斗第一,生死是小事,我能过那种生活,至今回忆起来,觉得是我的幸福,如果那时结束了我的生命,我是不后悔的!"

李闻不死! 他们的人格惊天地,泣鬼神!

在李闻精神的感召下,在迎接新中国的战斗中,我们的先辈抛头颅,洒热血,写下了可歌可泣的光辉篇章。

黄竞武,黄炎培先生的第二个儿子。上海解放前夕,他正忙于发动各界阻止蒋介石将黄金美钞偷运台湾并策反国民党军队时被特务五花大绑地抓走了。上海解放后的第八天,人们从南市车站路国民党监狱后操场泥土中挖出一堆尸体中找到他……

大家知道重庆号起义,可又有谁知道这次起义中唯一牺牲的那位烈士是民盟盟员呢? 他叫林绍禹,是重庆号军需官,就义时,他英勇不屈,高呼:"中国共产党万岁!"

什么是风雨同舟,什么是生死与共? 这就是!

在新中国成立以后的风风雨雨中,我们也可以看到民主人士作为诤友的风骨。

1959 年,当马寅初的《新人口》遭到围攻时,他毅然决然地将五万字的《我的哲学思想和经济理论》手稿送到《新建设》杂志编辑部,并附声明:"我虽年近八十,明知寡不敌众,自当单枪匹马,出来应战,直到战死为止,决不向加以压服、不以理说明的那种批判者投降。"掷地有声,石破天惊。

即使在文革中,我们也能听到梁漱溟"不批孔,但批林"和"三军可以夺帅,匹夫不可夺志"金石之声。

　　提起改革开放,我们不由地想起了上海民盟的老领导李国豪先生,想起了他 1981 年对宝钢命运有着关键作用的那番肺腑之言:

　　首先,中央有关部门先定下停建一期工程,再来论证。这是程序颠倒了,不恰当,应先论证再决策。

　　我国在以往经济建设中的教训很多。1958 年大炼钢铁"大跃进"是错误的。1978 年一次人民代表大会上,提出要年产 6000 万吨钢,建设 10 个大庆,是没有科学根据的,这又是错误的。对于经济建设,如果忽视了科学,只能是决心大,成功少。这次中央调整宝钢是否作了充分调查? 现在有一风吹的情况,很是令人不安。20 多年的教训,大起大落不好,宝钢不能如此,对宝钢要算经济账,政治账也要算。

　　算经济账,现在不能从零开始,而是要从宝钢目前的现状算,上要花多少钱,不上要赔多少钱应想到已花的投资和合同的赔偿等因素,现在不应从零开始算。算账还不能只算宝钢本身,还要算与宝钢有关部门的全国各厂的账。宝钢不上,其他的厂要停工。工人空在那里也要成问题,也会造成不稳定的因素。

　　第二,不要孤立地看宝钢,要从上海、从全国来看,全国一盘棋。不顾客观现实,浮夸提 6000 万吨钢是不对的。但现在放了宝钢,日后将会感到是错误的。今后我们的国家还是要向 6000 万吨、1 亿吨钢发展的。

　　第三,一期工程不能下,二期工程也不能下,这是宝钢的两条腿。原来设计两条腿,是一套。现在是要想法

把一套搞好，不能只搞半套。一条腿不能走路，技术、经

济上不合理，是错误的。

　　聆听岁月的脚步，回眸大师的风范。我们不能不被先辈的人
格魅力所感动所折服。抚今追昔，我们能够做到就是学习他们的
品德，传承他们的风范，弘扬他们的精神，沿着他们开创的道路，和
舟共济，乘风破浪，为中华民族的伟大复兴作出新的贡献。

费老是怎样论述多党合作的

1988 年 1 月 9 日,民盟召开五届四中全会,费孝通出任民盟中央主席。"新官"上任,多党合作便成了他挂在嘴边的话题。

多党合作的"第一小提琴手"

1988 年 4 月 8 日,来自八个民主党派的 16 位领导人在人民大会堂接受 100 多位中外记者采访。这是新中国成立以来的第一次。

下午三点,记者招待会一开始,三位记者便向费孝通提出"多党合作如何体现""民主党派具有什么实际地位和作用"等问题。

费老笑容满面地说:多党合作虽然是中共十三大正式提出的,而事实上早已有之。他以民盟为例,说 1944 年,由于国民党抗战不力,民盟毅然同中共合作。从那时至今,我们一直与中共合作,做好民主工作。

费老对民盟历史是熟悉的。他讲的 1944 年,正是毛泽东提出联合政府主张的那一年。毛泽东在提出联合政府时,首先想到的同盟者就是民盟。

在这个记者招待会上,民建主席孙起孟用交响乐队来比喻多党合作。他说到这里时,侧过身冲费老一笑说:费孝通可以说是交响乐队的第一小提琴手。

用闻一多名字描述多党合作

1988年2月6日,费老去长春参加民盟吉林省第四次代表大会,开幕式上,费老别具一格,以茶叙形式,一问一答。讲到多党合作时,他提到了闻一多。费老说:多党合作是在共产党领导下的,这是一个新的政治结构,一个格局,内容是什么呢? 我们民盟有一位先烈叫闻一多,这个"一"和"多"就可以说明多党合作的内容。共产党领导是"一",在"一"下面有"多",这是一个矛盾的统一。"一""多"是领导和合作的关系。为什么会有这么一个格局呢? 这是历史形成的。这要联系到我们国家的性质。现在是社会主义初级阶段的社会结构。政治结构不能离开社会结构。初级阶段的特点是不存在敌对阶级,可是有不同的利益集团,有不同的内部矛盾,是共同利益下的不同利益的矛盾,因此要协调。那么怎么体现这个东西呢? 我们提出共产党领导下的多党合作、协商。协商就是使这种矛盾不致激化,而能逐步理顺。

怎么做? 不是一下就可以完善的,现在我们民主党派正在同共产党合作,逐步为实现这一体制而努力。

要在多党合作中把民主精神体现出来

1989年2月28日,中共中央政治局委员、国家教委主任李铁映到费孝通家拜访，听取对教育改革的意见。谈到中国教育面临的问题，费老把它称之为危机。费老说：现在出现的教育危机，要危及到下一个世纪。这样的情况要使中国得到发展是很困难的。为缓解危机，要做很多具体事情。我们中国现在还是要多党合作。民主这个旗帜千万不要给人抢走。我们要在多党合作中把民主精神体现出来。我们应该开辟一条路子，这就是民主党派在决策过程中起作用。让大家提意见，让大家说话，造成一种民主的空气。我们要搞一党领导，多党合作。我们希望在教育问题上表现出来。如果大家都不说话，都看着你搞，你怎么办？教委要民盟做什么事，我们是乐于服务的。

今天，让我们回味大师的教诲

1997 年 1 月 4 日，费孝通在北京大学重点学科汇报会上讲话时，说出了一个萦绕他一生的话题——文化自觉。

那一年，费老 87 岁，刚从民盟中央主席位置上退下不久。

是年 1 月 12 日，费老在北京大学社会学人类研究所第二届社会文化人类学高级研讨会闭幕式上讲话时，再次提到了文化自觉："我们大家一起回顾了几代人对人类文化的研究经过，大家都亲自参加了'田野工作'，对我们切身参与的社会生活进行了观察和思考，总结了个人的心得，又在这班上互相对话、讨论。到最后一刻，我想总结一下，问一句我们大家在搞什么？心头冒出四个字'文化自觉'。这四个字也许正表达了当前思想界对经济全球化的反映，是世界各地多种文化接触中引起人类心态的迫切要求，要求知道我们为什么这样生活？这样生活有什么意义？这样生活会为我们带来什么结果？也就是人类发展到现在已有开始要知道我们的文化是哪里来的？怎样形成的？它的实质是什么？它将把人类带到哪里去？这些冒出来的问题不就是要求文化自觉吗？我们这届研讨班上大家的发言和对话不是都环绕这几个问题在动脑筋吗？"对于文化自觉的内涵,费老作了这样的诠释:"文化自觉只是指生活在一定文化中的人对其文化有'自知之明',明白它的来历,形成过程,所具的特色和它发展的趋向,不带任何'文化回归'的意思。不是要'复旧',同时也不主张'全盘西化'或'全盘他化'。自知之明是为了加强对文化转型的自主能力,取得决定适应新环境、新时代时文化选择的自主地位。"

这以后,费老在不同场合多次提到文化自觉。一次聊天,有人问:费孝通这篇文章怎样结尾? 经过一番深思熟虑,费老做出这样的回答:"我这一生不容易,现在有了'轻舟已过万重山'的感觉,但还在船上做事情。中国正在走一条现代化的路,不是学外国。要自己找出来。我为找这条路子所做的最后一件事,就是做'文化自觉'这篇文章,破题,开路。中国人几千年来的理想,就是要实现人类和平共处并共同发展的世界,不同文化之间不应是互相冲突的,而应是互相协调的。'五四'这一代知识分子生命快过完了。我想通过我个人画的句号,把这一代知识分子带进'文化自觉'的大题目里去。这是我要过的最后一重山……"

费孝通心里的"天真"

　　二十世纪四十年代,费孝通以民主教授闻名遐迩。1945 年 11 月 25 日,费孝通在西南联大操场的主席台上,冒着头顶呼啸而过的子弹,大声疾呼:"我们要用正义的呼声压倒枪声!"半个世纪以后,当他回首那个激情燃烧的年代,心头波澜依旧。他对前来采访的上海大学教授朱学勤说:"那时是我的社会活动、我的思想的高潮"。1946 年 7 月 15 日,费孝通听到了刺杀闻一多的枪声。从此,闻一多和他为之奋斗的民主便成了他生命的一部分。作为知识分子,他天真的以为,他和闻一多的努力终将在中华大地开花结果。1949 年,当他在西柏坡亲眼目睹中共领袖毛泽东的风采,当他在新政协会议亲身感受充满田原泥土气味的民主时,他认定这个新中国是平等自由的国度。尽管经历了让知识分子脱胎换骨的思想改造运动,尽管他向毛泽东提出为中国社会学留点苗苗的请求被无情回绝,他心里的天真依然会萌发春芽。1957 年 2 月,他从毛泽东在最高国务院扩大会议上的讲话中听到了春天的脚步,于是匆匆从抽屉中取出写了好多日的《知识分子的早春天气》寄给《人民日报》。他仿佛嗅到了"百花齐放"的馥郁芬芳,仿佛听到了"百家争鸣"的天籁之声……不料风云突变,在一场急风暴雨的反右运动中,他成了人人喊打的大右派。

一晃,三十二年过去了。经历了"文化大革命"、粉碎"四人帮"和改革开放,曾经风华正茂的费孝通已步入古稀,人称"费老"。但他饱尽风霜的脸上笑容依旧,蕴含心里的那一个天真依然鲜活。1988年春,八个民主党派在人民大会堂举行第一次中外记者招待会,费老春风满面谈笑自如,被誉为多党合作第一小提琴手。在那个不平静的春天,蕴含在这个年近八旬老人胸膛里的那一个天真开始了萌动……

斗转星移,1996年6月2日,在讨论换届的民盟七届中常会第十三次会议上,费孝通语重心长地说:"我们民盟的同志坐在一起,就不用说场面话了,可以讲点心里话。在我这一生中,得之于父母,也得之社会,很多人培养我。我能不能做些事情,对得起这些人?这是我常想的一个问题。像我这样想问题的人还有很多。在这个方面有共识的人聚合起来,成为一个团体。对于这个团体,我们叫它'中国民主同盟'。"此时,费孝通也是耄耋老人,他将从民盟中央主席位置上退下来。此时此刻,面对这个他为之不懈努力而又让他充满坎坷的政党,费老有说不尽的肺腑之言。此后自诩"老来一书生"的他应邀参加过几次雅集。面对有人希望他回到意气风发年代的期许,面对有人发出"费孝通这篇文章怎样结尾"的疑问,年近九旬的费孝通怦然心动,蕴含在他胸膛里的那一个天真又开始了萌动。最终,他放弃了,他用"文化自觉"向他并不看好却又充满期待的知识界投去热切的目光:"我这一生不容易,现在有了'轻舟已过万重山'的感觉,但还在船上做事情。中国正在走一条现代化的路,不是学外国,要自己找出来。我为找这条路子所做的最后一件事,就是'文化自觉'这篇文章,破题,开路。中国人几千年来的理想,就是要实现一个人类和处并共同发展的世界,不同义化之间不应是互相冲突,而是互相协调的。'五四'这一代知识分子生命快过完了。我想通过我个人画的句号,把这一代知识分子带进'文化自觉'的大题目里去。这是我要过的最后一重山。"

　　2005 年 4 月 24 日,费孝通走完了他九十五年的生命旅程。

说说民盟的宣传委员会

2018 年 9 月 5 日,我看到一位盟友发来的微信:时隔 60 年(应为 61 年),民盟宣传委员会又成立了。她的话让我想起多年前我写的《从罗隆基 1961 年回忆看盟史上的悬案》。我对罗先生的才华是很佩服的,以为若论民盟的宣传,首推罗隆基。但对他的道德人品,总佩服不起来。在《从罗隆基 1961 年回忆看盟史上的悬案》中,我讲了一件事:罗先生为了抬高自己在民主政团同盟时期的地位,竟无中生有地制造出"组织部长"、"宣传部长",给自己戴上了"宣传部长"的帽子。事实上民盟宣传部出现在 1957 年,那一年 5 月 28 日,民盟中常会决定将组织、宣传、文教三个委员会改为组织部、宣传部、文教部,第一任宣传部长是萨空了,也就是说罗先生讲的"宣传部长",他一天也没有担任过。考虑到此时罗先生已是民盟中央副主席,还当上了森林工业部部长,对区区一个宣传部长应该早已失去了兴趣。

虽说罗先生没当过宣传部长,但他和民盟的宣传大有关系。1944 年 9 月 19 日,民盟在重庆特园召开全国代表会议,决定取消原名中"政团"二字,由团体会员制改为个人参加,还在中央执行委员会下设立了组织、宣传、国际关系和国内关系四个委员会,罗先生是新设立的宣传委员会主任,成为民盟第一吹鼓手。第二年 10月,民盟又在重庆召开临时全国代表大会(即民盟第一次全国代表大会),罗先生再次出任宣传委员会主任,他为大会起草的《政治报告》绝对精采。1947 年 1 月,罗先生又为民盟一届二中全会起草了《政治报告》,这是我看到的迄今为止最有文采和感染力的报告。每每读到"今天中国老百姓活不下去,做不了人,这绝对不是言过其词的渲染,我们只好承认语言文字绝对不能描写出来中国社会的痛苦、凄惨与悲哀","中国通常有士农工商各界,试问,今天那一界的人活得下去,做得了人?"我都会心潮澎湃,热血沸腾。然而,随着民盟的解散,罗隆基这个民盟第一吹鼓手,再也吹不出震撼人心的曲子了。此后在香港召开的民盟一届三中全会,也有一个让时人震撼的《政治报告》,其框架与一届二中全会的如出一辙,是由当时的民盟宣传委员会代理主任、著名马克思主义学者沈志远起草的,虽不乏激情,但论文字和罗先生相比总少了点味道。

　　民盟宣传委员会再次重现是在 1953 年,那一年 5 月 27 日至 6月 8 日,民盟在北京召开了一届七中全会(扩大)会议,确定民盟中央组织、宣传、文教、妇女、监察、学习六个委员会主任,曾昭抡为宣传委员会主任。说实话,我对曾先生了解不多,认为让这个著名化学家来当宣传委员会主任有点滑稽。当我看了我的小盟友、华东师大的田润 2015 年写的《抗日战争末期昆明的〈民主周刊〉》后才明白,这个不修边幅的化学大师竟是文章高手,他为《民主周刊》写的文章占这个周刊文章总数 10.7%。1956 年民盟召开二大,曾先生续任宣传委员会主任。次年 5 月 28 日,民盟中常委决定将组织、宣传、文教三个委员会改为组织部、宣传部和文教部,萨空了成为民盟第一任宣传部长。

　　六十一年过去了,如今民盟宣传委员会再次成立,我这个在民盟宣传岗位上干了二十七年的老头,与比我年轻许多的盟友相聚甚欢。高兴之余,有点担心,人尽其才没问题,但是否能够才逢其时、才尽其用呢?

说说民盟的文化委员会

　　说起民盟文化委员，我会想起一个人，他说自己用了一辈子的时间，想把孔子、马克思和罗素弄到一块去，结果风马牛不相及，到死他老人家也没完成这个夙愿。这个人就是周恩来入党介绍人张申府先生，也是咱们民盟文化委员会的第一个主任。

　　民盟文化委员会始于 1945 年在重庆召开的临时全国代表大会（即民盟一大），当年 12 月 19 日，民盟文化委员会在重庆举办了一个茶会，梁漱溟、张东荪、陶行知、邓初民、张西曼、杜国庠、王寅生等数十位文化学术界知名人士出席，张申府和沈志远主持了这个盛会。

　　也许因为张申府 1948 年 10 月在《观察》杂志发表《呼吁和平》被打入冷宫，不少人有选择地梳理了他的历史，让他高大了许多，事实上他早年在法国的表现以及在救国会与沈钧儒争领袖地位的举动，特别是 1942 年 4 月 13 日救国会就日苏中条约致斯大林信函签名的行为，让我无法对他产生敬佩之感。就说救国会给斯大林的那封信吧，王造时尚未写完，申府先生因内急去了趟厕所，回来一瞧，沈钧儒、章乃器、史良、沙千里等人签了名，勃然大怒,非要把自己的名字放在前面。这样的个性和人品,即使不发表《呼吁和平》,在民盟也很难"混"下去。民盟总部被迫解散以后,文化委员会不复存在。直到1953年民盟一届七中全会,才有了文教委员会,楚图南任主任。楚老早年写过小说、散文,翻译过德国哲学家、诗人尼采著作和美国诗人惠特曼的《草叶集》。反右运动后,胡愈之兼任了这个委员会的主任,不过那个时候叫做文教科技委员会。"文化大革命"结束后,文化大家黄药眠当过文教委员会主任。

民盟再次出现文化委员会是在1987年1月五届四中全会以后,吴作人、刘开渠等名家当过主任,其中的梁晓声和我比较熟悉。2008年晓声现身上海书展,我请他来民盟上海市委,与机关干部座谈,他悲天悯人的情怀打动了所有的人。那天吃饭,地点在上海最繁华的恒隆广场,餐厅之华丽让晓声不自在,他指着自己的嘴说:简单点,我上下只剩一颗牙。四年后晓声再次现身上海书展,我把他拉进吴江路上的南翔馒头店吃小笼,他很高兴:"这玩艺儿好咬"。那天吃饭,他谈兴甚浓,对当时社会思潮义愤填膺,说:"你看央视播放的《知青》了吗? 我通过知青的嘴说:'中国病了!'"

如今民盟文化委员会主任是雕塑家吴为山,听说他是主动请缨。吴为山的作品我不陌生,以为南京大屠杀纪念馆的最出色,但他把费孝通先生躺坐着那个像放在吴江费老江村纪念馆,让我很不以为然。前几年去北京参加民盟中央会议,我和吴大师在餐厅偶遇,我快人快语:你让半躺着的费老怎么和参观的人合影呢? 吴大师的尴尬至今历历在目。

退休前最后一次参加在京举行的民盟中央会议,最后一天大会,小组推我发言,我在发言中讲了一段话,大意是作为一个政党,民盟的活动应该有民盟的元素。我想,不论民盟哪个委员会,都不应该脱离民盟本身来开展活动。

　　这个道理,应该是老少皆知的常识。

陈望道：书生本色的选择实践与坚守

1923 年陈望道退出了中共，1951 年陈望道加入了民盟。怎样看待这个现象？我以为这是他内心的自然流露：他认定自己是一个书生，他选择了在不改变书生本色的前提下，为共产党服务。今天，当我们回眸他在民盟的二十六年，可以说望老用他的生命实行了他的承诺。

一 书生本色的选择

1951 年 6 月 1 日，陈望道步履匆匆地走进上海南京西路 860 弄 1 号那幢黑瓦红墙的三层洋房。这是一幢与民盟有着不解之缘的洋房。抗战胜利以后，肖秉钺、谢仿林投资在此开办一家名为南海花园的酒楼。当时民盟中央委沈志远奉命来沪筹建民盟上海市支部，他选中了这个闹中取静的地点。1946 年春，在这幢洋房的顶楼，民盟设置了办公室。是年秋，肖秉钺、谢仿林因投资失败，关闭了酒楼。1947 年秋，洋房的主人，上海房产大亨周纯卿突发心脏病死亡，家人找到史良，请她清点周家房产。一年后，史良理清了周家房产,周家将这幢洋房作为酬金送给史良。上海解放后,史良将这幢洋房拨给民盟上海市支部作为办公用房。

1951年初,民盟中央指定在京的中央出版总署编译局长沈志远主持民盟上海市支部工作。为推进上海民盟发展,沈志远主持了当年6月1日望老参加的座谈会。出席这个座谈会的都是沪上知名人士:周谷城、刘思慕、陈白尘、章靳以、陆诒、许杰等。望老就是在那一天填写了入盟申请表,他的入盟介绍人是沈志远、苏延宾。

望老是《共产党宣言》第一个中文全译本的翻译者,是中共最早的五个党员之一,是中共上海市组织第一任书记,为什么他会选择加入民盟?

说来话长。1923年望老决定退出中共,他对受组织委派前来劝说的沈雁冰说:"我既反对陈独秀的家长作风而要退党,陈独秀的家长作风依然如故,我如何取消退党呢? 我信仰共产主义终身不变,愿为共产主义事业贡献我的力量。我在党外为党效劳也许比党内更方便。"这是迄今为止我们所知望老退党的唯一公开的理由。事实上,除了这个理由外,书生本色应该是望老退党的一个重要因素。

书生本色是望老对自己人生道路的定位和选择,正是出于这种选择,望老在新中国成立前,始终在完成中共组织交给的任务的同时,兢兢业业地从事学术研究。新中国的成立标志着一个新时代的开始,望老为自己寻找一个组织,他的目光投向了民盟—— 一个与中共密切合作的知识分子的政党,那里有他熟悉的复旦同仁,有他敬重的学术同仁。可以说望老之所以选择民盟,我认为是出于他对书生本色的认同。

二 书生本色的实践

虽然望老选择了民盟这样的书生党，虽然他在 1951 年 6 月至 1953 年 9 月在盟内没有担任任何职务，虽然他对 1953 年 9 月上海民盟二届一中全会当选副主任委员的安排毫不在意，但是 1957 年反右派斗争的风浪把他推向上海民盟主持者的地位，第二年 4 月，在民盟上海四届一中全会上，他又名正言顺地当选为主任委员，怎样处理反右风浪中的上海盟务成为检验他书生本色的试金石。望老用怎样一种态度来面对这一切呢？首先他不能怀疑中国共产党，当柯庆施在会议上点名让他表态时，他当然要讲反右派斗争的正确必要性，但在回家途中，据他秘书江泽涵回忆：望老坐在车上心情沉重，一言不发。面对他曾经的"顶头上司"沈志远，他和蔼和亲。多年以后，沈骥如回首当年，讲到望老对待其父的和若春风，神情激动，眼含热泪。1958 年 4 月，民盟中央领导来沪检验上海民盟"反右"状况，结论是"抓得不紧"。

六十年后的今天，当我们回眸往事，这个"抓得不紧"不正是望老书生本色的最好体现吗。

三 书生本色的坚守

从 1952 年起，望老担任复旦大学校长二十五年；从 1958 年起，望老担任民盟中央副主席、民盟上海市委主任委员将近二十年，但在他身上找不到一丝一毫的官气。他用书生本色来当校长，他用书生本色和知识分子打交道，同时他从未离开过学术研究。1962 年，上海文艺出版社重印《修辞学发凡》，望老对用语又有了修改，

70 年代初他又着手修订《修辞学发凡》。尤其令人感动的是望老在他生命最后的日子,依然在病榻上修改他继《修辞学发凡》后的又一部重要著作《文法简论》,一以贯之地坚守着书生本色。

望老的选择对今天的知识分子是一个启示,是一个榜样,更是一种风范。

陈毅与民盟

2016 年 10 月 13 日清晨,在去单位的路上,我从手机上看到了《张伯驹:一代有一代之雅士》。张伯驹先生是民盟盟员,他的生平我略知一二,但文中所述他和陈毅的交往,我一无所知。

说起陈毅,我便会想到上海外滩陈毅塑像。1992 年 11 月 30 日下午,我陪同民盟市委领导去上海铁路文化宫看望正在为陈老总塑像的著名雕塑家章永浩。一身工装的章大师匆匆从脚手架上爬下,指着既将完工的塑像,绘声绘色地向我们介绍。我至今记得他抑扬顿挫的话语:陈老总太有个性了,如果在舞台上,他绝对是一个神采飞扬的角色。

章大师的话,让我想起 1986 年编辑《上海民盟四十周年》时,从《上海盟讯》读到的《陈毅追悼张澜》时的感想。1955 年 2 月 9 日,民盟中央主席张澜逝世,6 天后陈毅亲自出席民盟上海市委举办的追悼大会,致词时动情地说:"皖南事变前后,我正在苏南苏北一带打游击。那时蒋介石有权有势,相比之下共产党是弱小的。当时反抗蒋政权就要冒生命生险,但是张澜主席领导的民主政团同盟,竟敢和蒋介石分庭抗礼,这对共产党挽回大局起了很大的作用。就当时的情况来说,新四军和八路军正在敌后,党的领导又偏处边区,整个大后方的对蒋斗争,就靠民盟来支持。张澜先生享年八十有四,是上寿,以先生一生事迹来说,他的贡献是很大的。人生如此,死了也没有什么遗憾了"。据说当年陈毅讲话总拿着一张稿纸,还不时低头看一下。一次,有人发现稿纸竟是一张白纸,陈毅说:"不拿这个,人家说我信口开河,不严肃"。什么叫"不着一字,尽得风流",从陈老总身上我充分领略了。

据我所知,民盟中最早领略陈毅风采的是黄炎培先生。1945年7月1日,黄炎培和左舜生、章伯钧、冷遹等国民参政员由重庆飞抵延安。第二天他们去杨家岭,在客厅黄炎培一眼便看到了有他手迹的一幅画。那是1943年9月11日,沈叔羊为其父沈钧儒祝寿作画,并请黄炎培题诗,黄见画中有上书茅台的酒壶,四周放着几只酒盅,想起红军长征经过茅台以酒洗脚的传闻,挥笔写道:"喧传有客过茅台,酿酒池中洗脚来。是真是假我不管,天寒且饮两三杯"。想不到时隔一年零八个月,这幅画竟然出现在延安杨家岭客厅的墙壁上。7月4日,中共领袖设宴为黄炎培等饯行。席间,黄炎培谈了对中共高级将领的印象:"一般人一定想象你们中共鼎鼎大名的高级将领个个都是了不得的猛将,说不尽多么可怕,飞扬跋扈得了不起。哪里知道,一个个都是朴实稳重,沉静笃实中带着文雅,谈笑风生,随便得很,一点没有粗犷傲慢的样子。我们无话不谈,恰如古人说的'如坐春风之中'"。陈毅说:"我们这班人,到底年纪都是五十上下了,过去的经验也不少,不知不觉中在那里起变化。加上近年来经过学习,更有些新知识,也是促使我们态度有改变的一个因素"。陈毅的儒将风度给黄炎培留下深刻的印象。7年后,陈毅在南京用茅台酒款待黄炎培,旧话重提:"当年在延安,读任之先生(黄炎培字任之)《茅台》一诗,十分感动。在那个艰难的年代能为共产党人说话的,空谷足音,能有几人?"当场赋词答谢:金陵重逢饮茅台,万里长征洗脚来;得谢诗笔传韵事,需在江南饮一杯。金陵重逢饮茅台,为有佳宾白雪来;服务人民数十载,共祝胜利饮一杯。黄炎培至为感动,即席和诗一首:可人血泪雨花台,沧海桑田客去来;消灭江山龙虎气,为人服务共一杯!

　　1989年12月,我在参与"彭文应诞辰85周年座谈会"工作时,从潘大逵《我们不能忘记彭文应》一文中看到了彭文应和陈毅的交往。30年代,彭文应因资助中共结认了周恩来。上海解放不久,周恩来来沪视察,专门向陈毅介绍彭文应:彭先生在我们困难时帮助过我们,不能忘记这样的朋友。此后陈毅不止一次请彭文应吃饭。一次,彭去京开会,陈毅设家宴款待,畅谈甚久,深夜始归。陈毅还请孙大雨吃过饭。孙大雨早年是新月派代表诗人,和闻一多是挚友。如果不是1946年7月15日射向闻一多那颗罪恶的子弹,孙大雨是不会走出象牙塔的。上海解放前,孙先生冲锋陷阵。不料解放后竟被冷落,一怒之下他控告那些他以为戴上红帽子的"坏人"是反革命。1955年2月9日,陈毅在文化俱乐部请孙大雨吃饭,陈毅说:那里有这么多的"反革命",在批评孙大雨武断的同时,又亲切地说:我们共产党还是很温暖的。

感悟篇

关于建立民盟上海市委
理论和盟史研究长效机制的思考

理论研究是思想建设的重要内容，也是民盟保持组织活力和工作特色的必要前提。多视角、全方位、深层次的理论研究，不但可以紧跟时代脉搏推动理论创新，而且可以破解统一战线和多党合作事业实践中面临的理论困惑，还能更好地提高民盟成员的政治把握能力和思想理论水平。

民盟的历史和政治实践是民盟作为参政党文化的丰厚积淀，参政党的文化又是参政党理论的根基。将盟史研究与理论研究相结合，是开拓和提升民盟参政党文化的重要途径。只有重视对盟史的研究，传承前辈们的优良传统，并在实践中不断充实、完善、创新，才能使广大盟员更加自觉地接受中国共产党的领导，同心同德，为中华民族的伟大复兴作出新的贡献。

队伍建设是理论和盟史研究的基础保障，也是建立理论和盟史研究长效机制的智力保障。统战理论研究与民盟盟史研究是民盟上海市委研究室的两项主要任务。要完成这两项任务，我们就必须多视角、全方位、深层次推动研究工作；就必须从队伍建设着手,从盟员中发现和培养一批具有较高理论素养的专业性和专家型人才,为理论和盟史研究打造核心团队,提供智力保障。

一　民盟理论和盟史研究概况分析

1. 理论研究

民盟统战理论研究起始于二十世纪八十年代中后期。1987年,民盟北京市委成立了统战理论研究会。九十年代是民盟统战理论研究的发展期,这一时期湖南等地成立了统战理论研究组织,积极开展理论研究。1999年,民盟湖南省委在长沙召开了由北京、上海等8个省级组织参加的多党合作理论研讨会。进入二十一世纪以后,广东、江苏、浙江、贵州等地相继成立了理论研究组织。到目前为止,据不完全统计,已经成立理论研究会或研究组的民盟省级组织有北京、上海、湖南、广东、云南、重庆、陕西、甘肃、江苏、浙江、贵州等,出版论文集或书籍的有北京、上海、广东、福州、江苏、四川、天津、河北等。

民盟上海市委是最早成立统战理论研究组织的民盟省级组织之一。1988年,民盟上海市第九届委员会对专委会进行调整,新设了统战理论研究组。1989年,民盟上海市委统战理论研究组在《上海统战理论研究》刊物发表了第一篇研究文章《坚持、完善、充实和发展共产党领导的多党合作刍议》。1991年,召开了第一次研讨会。1993年,为纪念毛泽东同志诞辰100周年在市政协举行了迄今为止规模最大的有100多人参加的研讨会,谈家桢主委出席并讲话。2007年,民盟上海市第十三届委员会决定设立研究室,2008年1月正式办公,4月重新重组的"民盟上海市统一战线与多党合作理论研究组"正式成立。当年 12 月召开理论研究年会,编辑出版年刊。目前,民盟上海市委统战与多党合作理论研究组共有成员 24 人,其中高校 16 人,区县 11 人,社科院 2 人,其他 5 人;60 岁以上 2 人,50 岁以上 8 人,50 岁以下 11 人,40 岁以下 3 人,平均年龄低于 50 岁。2008 年至今,研究组承接盟中央课题 2 项(完成 1 项),上海市政协课题 2 项(完成 1 项),完成上海市统战理论研究会课题 1 项,在《中国统一战线》、《中国人民政协理论研究》、《人民政协报》、《上海市社会主义学院学报》、《联合时报》、《上海盟讯》、《浦江同舟》、《浦江纵横》等刊物发表论文 50 余篇。

2. 盟史研究

20 世纪 80 年代初,各地盟组织即成立了文史资料委员会,陆续编辑出版了《东北民盟简史》、《浙江盟史》、《江西民盟四十年》、《民盟重庆地区大事记》、《湖南民盟大事记》、《云南民盟大事记》、《南方盟史》、《四川民盟史稿》、《吉林民盟大事记》、《天津民盟史录》等。进入新世纪以来,各地盟史研究更加深入,形式亦多样化。民盟北京市委先后编辑了《张澜的爱国情怀、历史功绩与高尚品德》、《费孝通社会学思想与参政议政实践》,民盟云南省委出版了《楚图南年谱》,民盟重庆市委出版了《风雨兼程——冯克熙》,民盟广东省委出版了《落红护花——苏伯的故事》,各地盟组织还编印了画册,制作了光盘。民盟重庆市委率先筹建了一·二七盟员烈士纪念碑、民盟成立纪念碑;民盟四川省委先后筹建了张澜故居、纪念室、铜像和纪念广场;民盟广西省委则以政治交接为主题,在黄姚建立了教育基地。

民盟上海市委文史资料委员会是 1980 年成立的,1986 年编辑出版了《上海民盟四十年》,1991 年拍摄了《风雨同舟五十年》电视录像片,1996 年起开展了参观民盟领导人旧居和民盟活动旧址的红色之旅活动。当年我们还与上海市政协文史资料委员会合作,编辑出版了《沈体兰纪念文集》。1999 年,为纪念民盟上海市组织成立 50 周年,我们编印了《肝胆千秋》画册。2006 年,为纪念民盟上海市地方组织成立 60 周年,我们重新编印了画册并出版了《上海文史资料选辑(民盟专辑)》。2007 年,我们与上海电视台纪实频道合作制作了电视纪实片《1949 民盟大营救》。2003 年至今,我们还与徐汇区和长宁区有关部门合作,为民盟中央主席张澜、沈钧儒、史良旧居挂牌,并在上海龙华烈士陵园及静安区、徐汇区等有关部门的协助下,先后在龙华烈士陵园、南京西路 860 弄 1 号和虹桥疗养院旧址建立了 3 个民盟传统教育基地。2009 年又分别与上海市龙华烈士陵园,民盟徐汇、浦东、闸北、崇明等区县委员会合作,举行了纪念上海解放 60 周年活动;与滨海古园合作,举办了纪念谈家桢诞辰 100 周年暨谈家桢铜像揭幕仪式。为进一步推动盟史研究,还成立了盟史兴趣小组。

二　存在的问题及成因分析

(一) 后继乏人

造成这种状况的原因:一是由于 90 年代中后期,一批对统战理论和民盟历史有深厚感情和兴趣的老同志的陆续退出;二是由于近年来民盟在高等学校、社会科学等方面的发展出现瓶颈现象;三是由于业务繁忙使得一些有条件从事理论和盟史研究的盟员对参与研究有所顾虑。

（二）缺少规划

长期以来,由于种种原因,造成了理论和盟史研究以重大历史事件和重要人物的纪念活动为主的现象,热闹一时,后劲不足,对重要问题和人物缺少专类、持续的研究,从而影响了研究的深度。

（三）沟通不够

80 年代至今,民盟上海市委在理论和盟史研究方面存在着不够主动,渠道不畅的问题。就盟内范围来说,我们与民盟中央和民盟各省、市、自治区联系很少;就社会各界而言,我们未能主动出击,与相关部门保持经常的联系。因此,在编辑出版研究成果,吸收好的经验以及拓宽和深入开展研究等方面,带来了一定程度的负面影响。

三　解决问题的路径

（一）以盟员数据库为基础,不断发掘研究人才

在重新组建统一战线与多党合作理论研究组的过程中,我们曾经尝试过各基层组织自我推荐的方式。2009 年民盟上海市委建立了盟员数据库,这为我们开展理论和盟史研究奠定了坚实的基础。根据现有的盟员资料,在从事政治、哲学教学或研究方面的盟员中,高校和社科等领域近 20 人,中等学校的 50 人;在从事历史教学或研究方面的盟员中,高校、社科等领域的近 20 人,中等学校的80 人。这是民盟上海市组织开展理论和盟史研究的基础队伍。随着新盟员的不断加入,这支基础队伍亦将日益壮大。只要我们持之以恒,按计划,有步骤地不断发掘和培养一批专业性和专家型人

才,就一定能够为民盟上海市委的理论和盟史研究打造核心团队,提供智力保障。

（二）以课题调研资料汇编为抓手,不断提高研究水平

2007 年换届以后,民盟上海市委既承接了中共上海市委重点课题《民主党派如何有效发挥民主监督作用》,成立了以郑惠强为组长的课题组,开展调研与写作,不仅通过了专家组的验收,在当年的上海市统战理论年会上作大会发言,而且被收入了上海人民出版社 2008 年出版的《上海统战优秀调研文选》。2008 年民盟上海市委申报的《新时期民盟参政方略的历史考察》,不仅通过民盟中央的验收,在《上海市社会主义学院学报》上发表,还被中国人民大学报刊复印资料《中国政治》全文录用。2009 年民盟上海市委申报的《中国特色社会主义政党制度优势与作用研究》已被入选民盟中央理论研究课题。目前,我们正在积极展开调研,着手撰写。通过课题调研和写作,民盟上海市委凝聚了一批专家学者。同时,在开展调研的过程中,这些专家学者对统战和多党合作理论有了更加深刻的认识,从而推动民盟上海市委的理论研究朝着多视角、全方位、深层次的方向发展。

和理论研究相比较,民盟上海市委在盟史研究领域面临人员匮乏,后继无人的困境。为从根本上解决这一问题,今年上半年,我们对本市历史专业毕业,并正在从事历史研究或教学的盟员进行了梳理,在此基础上有选择地邀请了部分盟员进行座谈。2010年我们计划编写《民盟上海市组织大事记》,开展口述历史的收集整理。我们相信,通过这些活动,一定能够聚集起一批盟史爱好者和专家,为民盟上海市委的盟史研究奠定坚实的基础。

（三）以各种形式的活动为载体，不断扩大民盟的影响

多年的工作实践中，我们深深地体会到丰富多彩的活动不仅能够激活民盟理论和历史研究，而且能够扩大民盟的影响。理论研究方面，2008 年至今，民盟上海市统一战线与多党合作理论研究组共活动 7 次，形式有开主题会、论文交流会、年会等。每次活动，大家不仅畅所欲言，而且言之有物；对持不同意见，既能各抒己见，又能求同存异。故此具有很强的吸引力。在开展这些活动时，我们还邀请中国统一战线理论研究会统战基础理论上海研究基地、上海市统战理论研究会、上海市社会主义学院、上海市政协政策研究室、中共上海市委统战部研究室等方面的领导和专家参加，从而扩大了民盟在统战理论研究方面的影响。2010 年是原民盟中央主席费孝通诞辰 100 周年，我们与上海社科院、复旦大学、上海大学等方面合作，聚集盟内外专家，就"费孝通与社会学"、"费孝通与上海"、"费孝通与民盟"进行研讨。

2003 年至今，民盟上海市委与有关部门合作，先后为民盟上海市委主委沈志远、陈望道、谈家桢塑像；建立民盟传统教育基地等。今年我们还与网易时尚中心合作，制作有关民盟中央主席史良的节目；与《时代周报》合作，发表《张澜在 1949》长文。明年，我们将以史良、赵超构诞辰 100 周年为契机，与有关方面合作，开展各种形式的纪念活动；与上海社科院、上海大学等方面合作，召开费孝通思想研讨会。我们认为，通过这些活动，不仅可以不断地从盟员中吸收对理论和盟史有兴趣的专业人才和积极分子，而且还能够使社会各界在活动中加深对民盟的了解，从而大大提升民盟在社会上的影响。

民盟上海市委传统教育基地经验研究

新中国成立前,上海曾是民盟总部活动的重要地域,张澜、黄炎培、沈钧儒、梁漱溟、章伯钧、罗隆基、史良、周新民、楚图南、吴晗等先后来沪或居住上海,悼念李公朴、闻一多、陶行知,清除民社党,召开一届二中全会,代管上海周公馆,以及民盟总部被迫解散,张澜、罗隆基、史良脱险等民盟历史上重大事件均发生在上海。上海是民盟历史上的"重镇",也是民盟传统教育资源最为丰富的基地之一。

一 充分发掘上海特有的盟史资源

二十世纪八十年代初,民盟上海市文史资料委员会成立。1986 年 7 月在收集整理上海盟史资源的基础上,民盟上海市委编辑出版了《纪念上海民盟四十周年》,对 1946 至 1985 年上海民盟的历史进行了梳理。1991 年 8 月,民盟市委拍摄了反映民盟历史的电视片《风雨同舟五十年》,其中有民盟上海市支部筹备委员会成立旧址、办公旧址,张澜、罗隆基被国民党特务软禁的虹桥疗养院旧址以及对当事人的采访。1992年起,随着民主党派地方组织志编写工作的开展,民盟市委对上海特有的盟史资源进行了认真的调研。1993年起,我们在《上海盟讯》、《浦江同舟》、《中央盟讯》等报刊上先后发表了一系列介绍民盟领导人在沪寓所及活动的文章。1996年4月,成立不久的民盟上海市青年工作委员会成员在时任青委会主委郑惠强的带领下,参观了张澜在沪寓所、民盟一届二中全会旧址,民盟上海市支部筹委会成立旧址和办公旧址,以及李公朴、曾伟、赵寿先等八位民盟英灵所在地上海龙华烈士陵园,开创了全国各民主党派以"一日游"的方式开展传统教育的先例。是年民盟市委还编辑了大型画册《肝胆千秋》。1998年9月,北京电视台为拍摄史良专集来沪,在我们的陪同下拍摄了民盟上海市支部筹委会办公处和史良寓所。1999年我们为东方电视台拍摄反应民主党派在迎接上海解放的战斗中所做贡献的电视片提供有关民盟方面的史料。2002年,我们又为中央统战部、新华社联合摄制的统战史料片提供素材。2005年6月,香港凤凰卫视为制作反映张澜生平的《民主之澜》来沪,在我们陪同下到永嘉路321弄8号现场拍摄。同年8月,我们又陪同上海电视台有关人员现场拍摄了沈钧儒当年被捕时的寓所。2006年为纪念民盟上海市组织建立60周年,我们编辑了大型画册《肝胆千秋》(二)、《上海文史资料选辑(民盟专辑)》。2007年我们与上海电视台纪实频道往事栏目组合作,拍摄播出了《1949年民盟大营救》。2009年我们陪同中央电视台《协商共和·张澜篇》有关人员,现场拍摄了民盟一届二中全会、虹桥疗养院旧址。2010年我们再次与上视纪实频道往事栏目组合作,先后拍摄并播出了反映民盟前辈萧乾、史良的专题片,并与上海市律师协会合作召开了纪念史良诞辰110周年座谈会,从史良与救国会、民盟、妇女运动及法学思想等多方面进行了研究。是年，我们还召开纪念费孝通诞辰 100 周年暨费孝通学术思想研讨会，出版了论文专辑。2011 年我们与群言出版社合作出版《民盟总部在沪活动纪实》、《沪盟先贤》，以反映民盟历史的电视片《薪火传承　再铸辉煌》，与中共市委党史研究室、市社会主义学院合作，召开了"风雨同舟七十年——中共与民盟合作关系研讨会"，并编印论文集。2012 年、2013 年我们与上海社科院先后举办了"文化自觉——当代中国文化发展的反思与前瞻"、"文化自省——中国文化走向世界的路径与方式"文化论坛。

1980 年至今，据不完全统计，民盟市委在发掘整理盟史资源方面，共编辑书籍 11 种（160 余万字），画册 2 种（600 余张图片、5 万余文字），在《人民政协报》、《团结报》、《群言》、《中央盟讯》、《解放日报》、《文汇报》、《新民晚报》、《世纪》、《档案与史学》、《联合时报》、《浦江纵横》、《浦江同舟》等报刊以及《中国政治》（人大复印资料）、《华东政法大学学报》、《上海市社会主义学院学报》、《探索与争鸣》学术期刊上发表文章、论文 300 余篇，完成有关民盟历史的课题 10 个（民盟中央 4 个、市委统战部 5 个、民盟市委 1 个），获民盟中央一等奖二个，制作电视片三部，与上视合作制作电视片 4 部，参与制作电视片 6 部（央视二部、上视、东视、凤凰卫视各 1 部），反映民盟重大历史事件和重要领导人的书画作品 43 件。

二　建立传统教育基地

2003 年春，民盟上海市委和民盟徐汇区委合作，在当年召开的徐汇区政协大会上提出了《关于为张澜在沪寓所挂牌的建议》，受到了徐汇区有关方面的重视和支持。当年12月,民盟上海市委和徐汇区人民政府合作举行张澜在沪寓所挂牌仪式,民盟中央副主席张圣坤、徐汇区人大常委会主任、区文化局局长和近百位盟内外人士出席仪式。2006年春,盟市委又与民盟长宁区委合作,在当年区政协大会上提交了为沈钧儒、史良故居挂牌提案,在长宁区有关部门的积极支持下,于当年6月分别在沈钧儒故居(愚园路1292弄51号)和史良故居(武定西路1357—1359号)挂牌,并举行仪式。

2007年民盟上海市十三大召开以后,新一届领导班子提出要以政治交接学习教育活动为契机,设立民盟传统教育基地。为此,盟市委对上海的盟史资源进行了梳理,决定在安葬李公朴、曾伟、赵寿先等8位民盟英烈的上海龙华烈士陵园设立第一个"中国民主同盟(上海)传统教育基地"。2008年5月,民盟上海市委在龙华烈士陵园举行了中国民主同盟(上海)传统教育基地挂牌仪式,主委郑惠强等领导和100多位盟员出席。同年9月14日,民盟上海市委在民盟上海市支部筹委会办公处原南海花园饭店旧址(南京西路860弄1号)举行了传统教育基地挂牌仪式,来沪祝贺谈家桢先生百岁寿辰的民盟中央主席蒋树声出席仪式,并亲切会见了原南海花园主人,解放前入盟的102岁高龄的肖秉钺先生。中共静安区委书记、区长等50余人出席仪式。9月24日,民盟上海市委又在原虹桥疗养院(张澜、罗隆基1949年5月曾在此被敌特务软禁,险遭毒手,在周恩来指示下,经中共全力营护脱险)举行传统教育基地挂牌仪式,民盟中央副主席索丽生和当年营救张澜、罗隆基的原虹桥疗养院副院长、94岁高龄的郑定竹先生,以及近百位盟内外人士出席了仪式。2010年3月,我们在上海福寿园举行纪念史良诞辰 110 周年暨中国民主同盟（上海）传统教育基地揭牌仪式，民盟中央副主席李重庵专程来沪出席仪式，近 200 位盟员参加。

2011 年是辛亥革命 100 周年，中国共产党成立 90 周年，中国民主同盟成立 70 周年。4 月 27 日，我们在愚园路 1320 号民盟一届二中全会旧址举行了中国民主同盟（上海）传统教育基地揭牌仪式，民盟中央主席蒋树声专程来沪出席，他对上海民盟组织以传统教育基地作为教育盟员的举措予以高度评价，说"这个经验值得在全盟推广"。6 月 24 日，我们又在思南路 73 号上海周公馆举行民盟传统教育基地挂牌仪式，民盟中央副主席、民盟市委主委郑惠强以及来自各区县、基层的 600 多位盟员出席了仪式。2012 年 9 月 23 日，民盟市委在上海院士风采馆举行传统教育基地挂牌仪式，民盟中央常务副主席张宝文专程来沪出席。

2003 年至今，我们先后为民盟领导人张澜、沈钧儒、史良在沪寓所挂牌，先后在上海龙华烈士陵园、民盟上海市支部筹委会办公处、虹桥疗养院旧址、上海福寿园、民盟一届二中全会旧址、上海周公馆和上海滨海古园、上海院士风采馆建立民盟传统教育基地。

三　广泛开展优良传统教育

二十世纪九十年代起，民盟市委就以电视片和盟史报告形式，对新近入盟的盟员进行传统教育。1996 年起，我们将上海特有的盟史资源组合起来，组织盟员参观民盟领导人在沪寓所和活动旧址。2007 年民盟上海市第十三次代表大会召开以后，新一届领导提出建立传统教育基地，对广大盟员进行多党合作教育。仅 2007

年一年的时间,民盟上海市各基层组织同舟之旅60余次,参加人数1200余人。2008年组织同舟之旅80余次,参加人数1800余人。据不完全统计,到2013年12月止,民盟市委各基层组织同舟之旅300余次,参加人数近7500人;做盟史报告200余次,听众12000余人。多年来,凡是听过盟史报告或参加过同舟之旅的盟员,对民盟的光荣历史和前辈高尚风范感悟颇深。这里仅以2009年初民盟卢湾区委组织的一次同舟之旅为例。那是2009年入冬后最冷的一天,在凛冽的寒风中,青年盟员参观了张澜、史良故居,走访了虹桥疗养院和民盟上海市支部筹委会办公处旧址。回到机关,大家围坐在一起,心情久久难以平静,刘友梅动情地说:今天的活动让我们穿越时空,回到了那个风雨激荡的年代,张澜、史良这些先贤仿佛就在我们身边……詹华清说:民盟先贤刚正不阿的气质和无私奉献的精神,是中国文化长期浸淫濡养而成的宝贵传统,应该被我们时时铭记,薪火相传。参加这次活动的盟员纷纷撰文,在《卢湾盟讯》上发表。

在以盟史报告、同舟之旅开展优良传统教育的同时,我们以纪念重大事件、人物为契机,举行纪念大会、专题报告会、研讨会、座谈会。2008年是五一口号发布60周年,我们组织专题报告会5次,研讨会1次。2009年在上海民主党派大厦隆重举行纪念多党合作和政治协商制度确立60周年大会,还分别在上海龙华烈士陵园、闸北、浦东川沙、崇明举行纪念上海解放60周年活动,邀请建国前入盟的老同志、民盟英烈后裔与青年盟员座谈,祭扫英烈。2010年,我们先后与市社会主义学院、民进市委合作召开了社会主义核心价值体系建设研讨会。2011年,我们在召开纪念民盟成立70周年大会的同时,还分别举行中共与民盟合作关系研讨会,辛亥革命先驱、民盟卓越领导人张澜铜像揭幕仪式,以及纪念陈望道、陶行知诞辰 120 周年等一系列活动,出席上述活动的盟员达 1400 余人。2012 年,我们先后举行纪念张澜诞辰 140 周年、苏步青诞辰 110 周年、钱伟长诞辰 100 周年、王辛笛诞辰 100 周年以及话剧《永远的陶行知》首演仪式,参加者达 1600 余人。2013 年起,我们又组织新盟员在上海龙华烈士陵园举行宣誓仪式。通过上述活动,青年盟员不仅对民盟的历史有了比较清楚的了解,还进一步认识了民盟是怎样做出自觉接受中国共产党领导这一历史抉择的。

　　民盟上海市委充分发掘和运用盟史资源开展传统教育的举措受到了民盟中央的高度关注。2009 年 6 月 2 日,民盟中央副主席李重庵在思想建设和宣传工作会议上说:"重庆、云南、四川、上海等地可以说是民盟历史上的重镇,也是民盟传统教育资源丰富的基地","民盟上海市委的盟史旧址考察活动成为各基层组织开展学习教育活动必不可缺的项目。"是年 10 月 13 日,李主席专程来沪,在参加了谈家桢铜像揭幕仪式后,实地考察了虹桥疗养院旧址、张澜寓所、史良旧居,就传统教育基地建设发表了看法:"上海的工作做得很好,与盟史旧址所在地的政府、单位、个人,关系都很融洽,组织盟员、特别是青年盟员参观,通过专人讲解,很好地开展了民盟优良传统教育。上海的经验值得借鉴。"李主席希望民盟上海市总结经验整理资料。在李主席的指示下,民盟中央网站很快以《上海的经验值得借鉴》为题,发表了介绍民盟上海市委多年来在创建传统教育基地、开展同舟之旅的报道,引起全国各省市民盟组织的关注。2009 年至今,民盟江苏省委、南通市委、常熟市委,四川省委、南充市委,陕西省委,河南漯河市委,浙江杭州、宁波市委

前后来沪参观沪盟旧址或邀请专家做盟史报告,参加人次 400
余人。

四　对进一步推动同舟之旅的设想和建议

上海是中国最大的现代化城市,是中国共产党的诞生地,也是
中国多个民主党派的发祥地。1917 年中华职教社在上海诞生,
1930 年农工民主党的前身国民党临时行动委员会在上海成立,
1936 全国各界救国联合会在上海建立,1945 年民主促进会在上海
组建,1946 年上海各人民团体联合会(1949 年作为人民团体参加
新政协第一次全体会议)在上海成立。可以说上海市中国党派资
源最为丰富的城市之一。在中国面临新的机遇和挑战的今天,怎
样以创新的精神,为统一战线事业的发展创造良好的条件,我们提
出如下的设想和建议:

一、与中共市委党史研究室、市政协文史资料委员会等单位
合作,对上海现有的统战历史资源进行全面的调查和梳理,特别是
重要历史人物故居、寓所以及重要历史事件的发生地。

二、对已经挂牌的名人故居、寓所和重要活动旧址可在现有
资料基础上编辑出版书籍、制作影像资料,有条件的可设立史料陈
列室(馆)。

三、对尚未挂牌的名人故居、寓所和重要活动旧址,做中长期
规划,适时挂牌。

四、对已建成的具有重要意义的旧址,如上海周公馆、黄炎培
故居等,可择时挂"上海统一战线教育基地"铜牌。对尚未修建的
具有重要意义的旧址,如 6·23 事件发源地北火车站,上海解放前

43 位烈士牺牲地宋公园,李白等 12 位烈士殉难地浦东戚家庙,可修建纪念牌,并挂"上海统一战线教育基地"铜牌。

五、将有重要意义的旧址组合起来,打造具有上海特色的"同舟之旅",并以推荐、网上报名等形式,培训一批义务讲解员。

梁漱溟对中国政党制度的探索
及现实意义

一 从"一多相融"到多党合作

二十世纪三、四十年代,中国民主同盟创始人梁漱溟对中国的政党制度进行了长期探索,从 1938 年提出"一多相融",到 1942 年首次提出"多党合作",最终于 1945 年形成由一个"革命党"(意指中国共产党)统领下的多党合作。梁漱溟对多党合作的探索,充分证明了当今中国政党制度的合理性和正确性,是民主党派开展国情教育、树立"三个自信"的优良素材,对民主党派参政议政亦有启示。

1. "一多相融"的提出

1938 年 1 月,在延安凤凰岭毛泽东居住的窑洞,毛泽东和梁漱溟彻夜长谈。这是梁漱溟第一次到延安,他除向中共讨教救国方略,还有一个尚未成熟的想法,就是如何从根本上解决党派之争。那一夜,梁漱溟向毛讲述了一个方案,他把它称之为"下分上合,一多相融"。梁漱溟说:"在下面,各党派是独立的,但执行国是国策上，又是合为一体的。具体步骤是，一制定党派共同的国是；二组织党派集合体；三是建立一个超党派的政府。"对梁漱溟的这个方案，毛泽东说，第一、二项他没有意见，但对第三项表示不可能。是年底，梁漱溟将年初他和毛泽东面晤时提出的"一多相融"方案修改后交《大公报》发表，但在送审时被检扣，时任国民党宣传部长的叶楚伧当面退还给梁漱溟，并说：梁先生用意甚好，但若发表，必招致争论而使党派关系更加恶化。

2."多党合作"的提出

按照今天的说法，"多党合作"一词最早出现于 1956 年。是年 10 月，中共中央统战部发出了《关于民主党派工作的几个问题指示》，提出了"长期的多党合作，是我国人民民主专政的特点之一"。事实上，早在 1942 年梁漱溟就提出了"多党合作"这个概念。那一年，梁漱溟和朋友们谈过一个有关党派合作的设想：由国民党独操政权转变为"以国民党为领导中心而全国各党派合作的局面"。梁漱溟还进一步说："以国民党领导各党派合作参政，代替它独自秉政，这就是我们的设计。"

如果我们将梁漱溟 1942 年对多党合作的设想与四年前他在延安向毛泽东讲述的"一多相融"相对照，不难发现梁漱溟的思考有了新的内涵：一是以国民党为"领导核心"，二是增加了"多党合作"这一概念。也就是说，早在七十一年前，梁漱溟就已经创造出了"以某某为领导中心的多党合作"这样一种表述方式。更难能可贵的是，不过三年的光景，经过认真的观察与反思，梁漱溟对多党合作的"领导中心"的思考有了质的变化。

1946 年旧政协会议结束后，梁漱溟再访延安，向毛泽东等中共领导讲述了自己为什么"退出政治，致力于文化研究"的原因。他认为:"蒋介石是任何方式合作的死敌",所以蒋不死,旧政协通过决议"行不通"。他又阐述了一个他认为可以实行的预备方案:"既非一党垄断之局,亦非多党互竞,而是多党合作。"梁建议由一个革命党来领导,在中国实行多党合作。多年后,梁漱溟告诉他的学生:我心目中的这个"革命党"就是共产党。

二　梁漱溟关于多党合作的方案和中国共产党领导的多党合作制度的同与异

将梁漱溟有关多党合作的方案和现行的中国共产党领导的多党合作制度相对照,我们不难发现两者之间的相似之处:其一,一下有多,多上有一;其二,一多相融,强调合作。当然,梁漱溟最初的那个多上有一——党派综合体(梁又将它形象地称之为无色透明体)和当今中国的政党制度有着本质上的区别。但难能可贵的是,梁漱溟与时俱进,从1938年提出初步设想到1942年提出"国民党领导各党派合作",再到1946年3月再访延安时转为"以一个革命党(意指中共)领导各党派合作"。我认为这是梁漱溟在1951年10月28日,在全国政协会议上发言说"我现在要声明,今后在政治上信从中国共产党的领导","亦要学习共产党的思想方法以改造我自己"的缘由。

梁漱溟是一个非常自信的人,他对自己经过深思熟虑得出的方案很看重。1946年春重庆几个进步团体发起一个讲座,邀请知名学者、社会活动家就人们关注的热点发表看法。梁漱溟与众不同,他在那次讲座上说,毛泽东在中共七大上作的《论联合政府》的政治报告,其论点脱胎于他1938年向毛泽东当面陈述的"党派综

合体"。当时有位叫胡钟达的青年提出质疑,梁漱溟瞥了他一眼:
"年轻人,你还没有真正理解我的意思,你还不懂,你要努力学习,
等到二、三十年以后,你才有能力来评论我的观点。"我们当然不能
说毛泽东在中共七大上讲的联合政府的设想脱胎于梁漱溟 1938
年讲的那个"党派综合体",到目前为止也没有证据证明毛泽东有
关联合政府的设想是受了梁漱溟的影响。但是,只要我们认真阅
读毛泽东原著,就不能不说梁漱溟的说法事出有因。第一,毛泽东
说要"建立一个包括一切抗日党派和无党派代表人物在内的举国
一致的联合的临时的中央政府",毛的论述与梁漱溟讲的组织党派
综合体,并在此基础上建立一个超党派的政府不无相同之处;第
二,毛泽东说"各党之间应协定一个共同的纲领",与梁漱溟讲的
"制定党派共同的国是"十分相似。就此而言,毛泽东关于联合政
府的设想,与梁漱溟"党派综合体"可以说有异曲同工之妙。

　　在梁漱溟提出"一多相融"方案六十年后,中共中央于 1989 年
12 月 30 日颁布了《关于坚持和完善中国共产党领导的多党合作和
政治协商制度的意见》,第一次以中共中央文件的形式明确了中国
共产党领导的多党合作和政治协商是我国基本的政治制度。抚今
追昔,我们不能不对梁漱溟六十年前就中国政党制度的探索表示
由衷的敬意。

三　梁漱溟对中国政党制度探索的现实意义

1. 梁漱溟的探索充分证明了我国现行政党制度的正确性
　　我们知道,梁漱溟是一个卓尔不群的人。二十世纪二、三十年
代,他独自探索救国之路,以为英美资本主义道路和苏联社会主义

道路在中国行不通,所以从那时起,他发起了乡村建设。抗日战争爆发后,他两赴延安,对中国共产党有了愈来愈深刻的认识。与此同时,他对蒋介石的独裁专制有了清晰的认识。在举国欢庆旧政协会议成功召开之际,他作出了"蒋介石不死,中国的和平民主无望"的判断。他将自己设想的"党派综合体"的领导位置明确地放在了中共这边。新中国成立以后,面对翻天覆地的巨变,他进行了深刻反思,公开表示愿意在中国共产党的领导下,为国家民族作出贡献。梁漱溟对中国政治和政党制度探索的思想发展轨迹,充分证明了中国各民主党派在长期政治实践中,经过慎重比较,最终自觉选择了接受中国共产党领导的正确性,充分证明了中国现行政党制度的正确性。

2. 梁漱溟的探索充分证明了我国现行政党制度的合理性

2007 年 11 月,中华人民共和国国务院新闻办公室颁发了《中国的政党制度》白皮书,指出:"中国实行的政党制度是中国共产党领导的多党合作和政治协商制度""它既不同于西方国家的两党或多党制,也不同于有的国家实行的一党制"。事实上,早在 1945年,梁漱溟就在《民宪》上撰文说:"中国可能与一般之多党制有别。我们所见一般之多党制,如英美法等国家,都是从选举竞争来决定谁登台秉政""其实多党竞争固是一种方式,多党合作,何尝不可为一种方式""今天我们要有我们的党制。"六十多年前,梁漱溟对中国政党制度的论述,充分证明了我国现行的政党制度的合理性。

3. 梁漱溟的探索是对民主党派成员展开国情教育的生动案例

梁漱溟在探索中国政党制度的过程中,对民国以来中国政党状况进行了分析。他以民国初年政党林立却一事无成的事实说明,照搬西方政党制度的不可行性。他又以孙中山提出"治党治国”的理念但终不成功的事例来说明一党制在中国是不可行的。他脚踏实地，以中国的国情来认真地探索中国的政党制度。在二十世纪四十年代明确提出了"我们的党制"。梁漱溟的探索是我们对民主党派成员特别是青年成员进行国情教育的生动案例。

四 梁漱溟对中国政党制度的探索
对民主党派参政议政的启示

1. 梁漱溟的探索对民主党派参政议政方向和路径的启示

作为参政党，参政议政是民主党派的第一要务。如今民主党派的参政议政往往强调"可操作性"，这对于以教师和技术性人才为主体的党派来说实属不易，而梁漱溟的探索恰好是一种启示：为什么不可以自身的事业为依靠，充分发挥学术优势，长期追踪某个问题并作深入探索，最终形成高质量的成果呢？在追求政绩和立竿见影效果的今天，梁漱溟的探索是对参政党参政议政方向和路径的有益启示。

2. 梁漱溟的探索对民主党派怎样以大局意识、战略意识
    参政议政的启示

环顾当今民主党派的参政议政，讲农业、讲医疗、讲交通、讲环保，甚至小到电梯保养、菜场管理，都成了民主党派每年"两会"上的"重要提案"，这种参政议政和参政党的地位实不相符。事实上，民主党派在参政议政上不乏大手笔：民建推动多党合作制入宪，民盟提出的教育的根本是提高全民族的素质被纳入中共中央文件，费孝通的"美美与共，天下大同"成为中共领导讲话中经常被引用的警句。但不可否认的是，如今这种大手笔已是凤毛麟角。联想

到中共中央政治局常委张高丽在民盟十一次代表大会上致辞中所
讲的"增加大局意识、战略意识",梁漱溟对中国政党制度的探索,
不正是对参政党怎样以大局意识、战略意识参政议政的一个启
示吗?

1946—1949 年中共与民盟在沪合作及其经验研究

1946—1949 年,作为第三方面的代表,民盟在沪参与了诸如维护政协决议、反对内战,推动国共和谈,拒绝参加"国民大会",声援学生爱国民主运动等一系列活动。期间,以周恩来为代表的中国共产党人以各种方式,积极争取在沪民盟领导,并在国民党当局企图杀害张澜等人时施以援手,终使民盟接受了中国共产党的领导,成为中共的亲密友党。

一 中共对在沪民盟领导开展工作的回顾

(一) 呼吁和平,反对内战

1946 年 1 月,政治协商会议在重庆召开,经过中共和民盟及其他民主人士的努力,通过了有利于和平民主的五项协议,让刚刚经历了八年战火的中国人民看到了和平统一、民主建国的曙光。然而,国民党当局很快撕毁了政协决议,发动了全面内战。

为了制止内战,周恩来在中共代表迁移南京前夕,面对重庆各界人士,发表了感人肺腑的谈话:差不多十年了,我一直为团结商谈奔走渝延之间,谈判耗去了我现有生命的五分之一,我已经太老了! 多少为民主事业努力的朋友,在这样长的谈判中,走向监狱,走向死亡。民主事业的进程是多么艰难啊! 我虽然近五十之年了,但不敢自馁,我们一定要走完这最后而又艰苦的一段路。

周恩来的话不仅打动了在场的各界人士,也说出了由渝抵沪的黄炎培、沈钧儒、梁漱溟、章伯钧等民盟领导的心声。为了制止内战,他们在上海南海花园饭店(今上海评弹团)集会,决定组织上海人民反内战大会。6 月初,华岗在中共上海工作委员会的一次会议上提议:由上海人民选派代表赴南京请愿和平。6 月 23 日,在中共上海市地下党组织和包括民盟、民进等五十二个党派和团体组成的上海人民团体联合会的共同推动下,5 万多群众在上海北火车站欢送马叙伦等十位代表赴南京请愿和平。民盟中央委员吴晗等参加大会,民盟中央常委陶行知、民盟上海市支部筹备委员王绍鏊等主持大会。陶先生在大会发表演讲:"八天的和平太短了,我们需要永久的和平,假装的民主太丑了,我们需要真正的民主! 我们要用人民的力量来制止内战,争取和平! 我们要用人民的力量,反对独裁,争取真正的民主!"当晚,请愿代表在南京下关遭国民党组织的暴徒殴打。6 月 25 日,上海地下党设法租借国际饭店宴会厅,由陶行知出面以上海人民团体联合会的名义举行外国记者招待会,陶行知用英语发表谈话:"我们确实知道在南京对和平代表组织的殴打,是政府中一种团体所主使,这种人只有借着战争才能保留势力,民主运动及和平运动正与他们的野心对立。这次的殴打与在昆明、重庆、成都及其他地方对待学生的办法是一贯的、相同的,反动的力量是逐渐将三民主义的党变为法西斯的组织。CC 系对此事责无旁贷。……在中央政府中有好战的政治集团,这是法西斯团体,CC系不能对此来卸责。蒋介石有心理上的错综。一种错综使他相信,每个想要和平民主的人都是共产党。我们感谢美国在日本侵略中国时给予的协助,但海军陆战队竟在日本投降后留在中国。我们不希望主战派被鼓励作内战。在最近几天内,联合团体要发表一宣言给美国人民,其中要求美国人不要促进中国内战的爆发,……并要求美国人民对于铲除中国法西斯的斗争加以援助。中国在建设上需要帮忙,但不需要在破坏上帮助,美国继续不断地支持国民党,只能鼓励法西斯分子打内战。"

(二) 情同手足,悼念英烈

1946年4月8日,中共政协代表王若飞、秦邦宪因国民党推翻政协决议,冒恶劣气候由重庆返回延安向中共中央汇报和请示,飞机在山西兴县黑茶山失事,不幸殉难,同机罹难的还有叶挺、邓发等共八人,史称"四·八"烈士。4月22日华岗、潘梓年访黄炎培,商在沪举行"四·八"烈士追悼会事宜。4月29日,黄炎培赋诗一首悼念"四·八"烈士:"中华又见戟云开,谁为生灵请命来;太息神州无死所,玉棺天半怒飞灰。"4月30日,"四·八"烈士追悼会在沪西玉佛寺举行,民盟中央常委黄炎培出席并致辞,陶行知在会上恭读悼诗:"我们今天在你们面前下了绝大的决心,要挑起你们遗下来的重担,首先要致力和平,无条件地赶快停止内战。同时要争取四大自由,使大家可以安居乐业有饭吃有书读有话谈。要把中华民族造成一个最伟大的公司,四万万五千万人联合起来做老板";"朋友们安息吧! 待我们任务完成,再向你们问安。"潘梓年代表中共上海工委致谢词:"这样的天气,各位还跑来,这不是为了共产党和私人感情,而是为了追悼民主战士,因为大家都要民主。"

　　1946 年 7 月 11、15 日,民盟中央委员李公朴、闻一多先后在昆明遭国民党特务暗杀。13 日中共上海工作委员会委员陈家康访民盟常委沈钧儒、罗隆基,对李公朴被害表示哀悼。14 日,周恩来、董必武、邓颖超、李维汉、廖承志致电李公朴夫人,表示哀悼;17 日,又致电闻一多夫人表示悼念。7 月 25 日,民盟中央常委陶行知因愤李闻被害突发脑溢血而逝世。周恩来原定当天中午接见记者。当记者陆续聚集周公馆时,传来陶行知病危的消息,周恩来当即委托陈家康代他会见记者,自己与邓颖超匆匆赶至爱棠新村 13 号(今余庆路 146 弄 13 号)。他俯身拉着陶行知尚有余温的手,含着热泪说:"陶先生,你放心地去吧! 你已经对得起民族,对得起人民。你的事业会由朋友们,你的后继者们坚持下去的,你放心去吧! 我们一定要争取全面的、永久的和平,并实现民主来告慰你。朋友们都得学习你的精神,尽瘁民主事业,直至最后一息,陶先生,你放心去吧!"他又抬头对在场的朋友说:"大革命失败的时候,许多同志接踵牺牲,我悲愤交集,怒火中烧,眼泪都烧干了。现在看来国民革命成功的日子并不很远,总希望有更多的战友来参加新中国的建设。在这短短的 20 多天里,连续失去了三位民主人士,实在没法不使人悲痛!"他非常激动地紧握田汉的手,沉重地对大家说:"你们都得保重啊! 文化界的朋友们无论如何再牺牲不得了……"这沉重、关切、坚定的语气,深深地口动着每个人的心弦。他询问了陶先生的后事安排情况,并请郭沫若撰写悼词。当天下午周恩来回到南京,晚上他致电中共中央,称"陶行知是一个无保留追随党的党外布尔什维克",其逝世是"中国人民又一次不可补偿的损失",还指出:"今后对进步朋友的安全健康我们必须保护",并说

"已告上海潘汉年及伍云甫,在救济方面多给予经济和物资的帮助,在政治方面亦须时时关照","请中央将南京新华社关于陶先生逝世的报道广播全国"。毛泽东、朱德与当天联名发来唁电:"兹闻行知先生逝世,不胜哀悼!先生为人民教育家,为民族解放与社会改革事业奋斗不息,忽闻逝世,实为中华人民之巨大损失,特电致唁。"

7月26日,陶行知先生治丧委员会在上海殡仪馆举行公祭。华岗、潘梓年、刘宁一等前往致祭,并以周恩来名义献花圈,有陈家康朗读中共代表团驻沪办事处祭文。9月19日,陈家康代表中共代表团驻沪办事处参加在静安寺举行的李公朴先生家祭。10月4日,上海五千余人在上海天蟾舞台举行李公朴、闻一多追悼大会。毛泽东、朱德同挽:"为保卫政协争取和平民主而牺牲的斗争精神不死。"中共代表团挽联:"继两公精神,再接再厉争民主;汇万众悲愤,一心一德反独裁。"邓颖超在会上宣读周恩来笔书悼词:"今天在此悼念李公朴、闻一多两先生,时局极端险恶,人心异常悲痛。但此时此刻有何话可说?我仅以最虔诚的信念向殉道者默誓:心不死,志不绝,和平可期,民主有望,杀人者终必覆灭!"当邓颖超读到"此时此地有何话可说"时,台下掌声经久不息。此后每念一句,台下就报以热烈的掌声。10月6日,上海各界在静安寺公祭李公朴、闻一多两先生。周恩来亲率中共代表团多人到场致祭。

(三)同舟共济,拒绝参加"国民大会"

1946年9月间,国民党军队加紧进攻张家口,周恩来对和平谈判已不抱希望,但民盟方面对时局深感忧虑,希望国共双方相互让步,恢复和平,为了不负民盟朋友奔走和平的热诚,周恩来对民盟朋友热情相待。10月7日,周恩来邀请黄炎培、沈钧儒、章伯钧、罗隆基到周公馆共商时局,事后章伯钧告记者:只对时局一般问题交换意见,并喟然叹曰:"9月30日民盟为'国大'事致蒋主席电,迄今还无下文,遑谈为人调解!"10月8日,应张君劢邀请,黄炎培、沈钧儒、章伯钧与青年党左舜生、陈启天,以及无党派人士郭沫若、钱新之在交通银行聚会,共商时局,拟对和谈做最后努力,决定次日分访孙科、周恩来后全体赴南京。10月10日,黄炎培等九人于上午十一时访孙科,下午一时四十分访周恩来。事后,罗隆基告诉记者,共同商量的恢复和谈的折衷办法,于13日搭夜车联袂赴南京,该项折衷办法如为国民党政府采纳,周恩来即行返宁。周恩来表示同意他们提出的和平主张,认为这是中共的一贯主张,愿与大家共同努力。10月11日晨,梁漱溟由南京抵上海。黄炎培、沈钧儒、张君劢、章伯钧、罗隆基听其报告。下午三时赴周公馆访晤周恩来。梁漱溟提出打开僵局新建议:停攻张家口,再开政协综合小组会议,暂缓颁布"国大"召集令。周恩来当即表示,如政府有诚意恢复和谈,必须立即停攻张家口,并将进攻张家口部队撤回原防。否则,中共将拒绝参加任何商谈。然而,就在当天,国民党军队攻占了张家口,蒋介石随即下令如期于11月12日召开国民大会。10月12日黄炎培、沈钧儒、章伯钧、罗隆基等在张君劢寓所紧急集会,一致认为蒋介石在国民党军队攻占张家口的情况下颁布令召开国民大会,无异对第三方面人士飨以闭门羹与难堪,决定取消赴南京。会后他们分访孙科、周恩来。10月13日,青年党李璜抵沪转达国民党政府意见,望民盟等第三方面赴南京调解,沈钧儒等表示暂不考虑。10月15日,上午国民党政府派国民参政会副秘书长雷震赴沪,请民盟等三方面劝说中共代表团返南京和谈。下午,黄炎培、沈钧儒、张君劢、章伯钧、罗隆基等访周恩来,商和平大局并转雷震代表国民党政府望中共代表团返回南京意见。晚六时,黄炎培、沈钧儒、张君劢、章伯钧、罗隆基等经协商,答复雷震:一、政府预先切实表示停战;二、再派员来沪先为非正式商谈。10 月 16 日,张君劢、李璜等访晤周恩来,转告 15 日晚与雷震洽谈经过。10 月 17 日,报载蒋介石提出停战八项条件。上午十时,黄炎培到张君劢寓所研究八项条件。下午三时,黄炎培赴周公馆访周恩来。晚七时,黄炎培等在张君劢家与吴铁城、邵力子、雷震会餐。黄炎培代表第三方面就时局发表意见,强调政协五项决议有效。晚九时,第三方面推黄炎培、张君劢、章伯钧、罗隆基等七人赴周公馆访周恩来,告第三方面与吴铁城等洽谈经过。10 月 18 日上午十时,黄炎培、张君劢、沈钧儒、章伯钧、罗隆基等七人至海格路(今华山路)望庐吴铁城寓所,与吴等三人再度交换意见。下午一时,黄炎培等在海格路(今华山路)范园张君劢寓所宴国共双方代表,餐毕合影留念。这是国共双方 7 月以来首次聚晤。下午,国共和第三方面代表在周公馆首次非正式商谈,黄炎培、罗隆基记录。会谈结束后,国民党政府代表在海格路(今华山路)望庐宴请中共和第三方面代表。10 月 19 日下午五时,国共和第三方面代表在吴铁城寓所举行第二次非正式商谈。周恩来表明中共渴望和平的诚意,并接受返回南京进行和谈的邀请。当晚,周恩来在周公馆宴请各方代表。10 月 21 日上午九时,黄炎培、沈钧儒、张君劢、章伯钧、罗隆基及青年党曾琦等,与周恩来等中共代表同机飞往南京。10 月 23 日至 28 日,第三方面代表在南京连续集会,经过多次商议,听取了国民党、共产党和马歇尔三方意见,煞费苦心地企图寻求国共双方都能接受的方案,但终告失败。

　　第三方面调停失败后,国民党要员纷纷出动,威逼利诱,拉拢他们参加"国民大会"。由于民盟在第三方面占主导地位,中共代表十分重视民盟的态度。11 月 12 日,周恩来、董必武、邓颖超、李维汉出席第三方面的聚会。周恩来语重心长地说:二十多天追随诸位先生之后,一切都是为了实现政协决议和停战协定。我们愿意谅解各位的苦衷,但我们必须坚持政协决议。国民党的用心很清楚,请大家进国大,为的是在脸上搽粉,把中共踢开。我们共事了多年,现在临别了,我们队继续挨打无所畏惧,我们党就是在围剿压迫中发展壮大起来的。我们有武装,可以同国民党周旋,而诸位将难免受压迫,希望有一天仍能在一起为和平民主奋斗。随后,他和黄炎培有一段对话。黄炎培:"我很忧虑。蒋介石非打不可,这早已看清楚了,今后当然只有打了! 但蒋毕竟有几百万军队,还有美国在背后支持,打,中共的力量怎么样? 打得赢吗? 会吃亏吗?"周恩来:"如果打不赢,不怨天,不尤人,只怨我们没有打好。不过请朋友们放心,对于争取中国的和平,我们共产党是有决心的;对蒋介石打仗,我们共产党是有信心的。"当天,张澜由重庆致电南京民盟总部,再三强调:"我们民盟必须在政协决定程序全部完成后,才能参加国大,否则就失去了民盟的政治立场。"11 月 14日,民盟总部发出《紧急通告》,要求各地民盟组织宣传民盟总部的决定和张澜主席的指示,坚决反对国民党召开分裂的"国民大会"。也就在这一天,中共代表设午宴招待黄炎培、张君劢、梁漱溟、章伯钧、罗隆基、张申府等民盟朋友,并合影留念。1981 年夏天,八十九岁的张申府手持当年的合影,神情激动地对人说:"这是我最喜欢的照片,那是我一生中最开心的时候,看,这是周恩来和邓颖超,他俩多么年轻! 那个短小留长须穿长袍的长者是沈钧儒,是民盟的重要成员。我穿着件厚厚的大衣,站在老朋友章伯钧的左边。当时南京很冷。"

在和民盟朋友合影后的第三天,周恩来给郭沫若夫妇写信,信中说:"沫兄回沪后,一切努力,收获极大。青年党混入混出,劢老(张君劢——笔者注)动摇,均在意中,惟性质略有不同,故对劢老可暂时持保留态度。民盟经此一番风波,阵容较稳,但问题仍多,尚望兄从旁有以鼓舞之。"

11月19日周恩来、邓颖超等中共代表离开南京。21日,周恩来在中共中央会议上说:"只要民盟不参加,国大开了,就很臭!"

（四）帮助民盟,委托代管中共在沪财产

1947年2月28日,国民党政府强迫中共驻南京、上海、重庆等地担任谈判联络工作的全体代表于3月5日前全部撤退。3月3日下午三时二十分,董必武在南京电告钱之光,中共在沪财产移交民盟保管,并由陈家康通知国民党上海市长吴国桢。3月4日,周恩来致电民盟中央主席张澜,商请民盟代管中共在沪、宁、渝等地的财产。五时三十分,董必武在南京电告陈家康:周恩来已致电民盟张澜,提请代管中共代表团财产。上海方面由陈家康去民盟联络移交事宜。接电后陈家康即分别向张澜和国民党上海警备司令部联系。至六时许,张澜、黄炎培电约陈家康至张澜寓所商谈房产移交事。晚八时许,董必武电告钱之光:中央指示中共在沪财产交民盟代管。但上海国民党警备司令部代表郝景懿仍坚持交由卢家湾警察分局保管,故自晚上九时起开始清点周公馆财产,至五日凌晨一时三十分才完毕,移交清册一式四份,其中一份交民盟,以备再移交民盟保管时使用。

　　3月6日,张澜、黄炎培、沈钧儒、章伯钧、罗隆基、史良、邓初民等在张澜寓所商洽民盟代管中共代表团财产事宜。

　　3月17日中午十二时,民盟中常委沈钧儒、罗隆基前往国民党上海警备司令部,与宣铁吾洽谈接管中共在沪财产事项。两天后,原中共代表团驻沪办事处财产由民盟接受代管,卢家湾警察分局派郝景懿点交。民盟则由副秘书长周新民点收。当晚,周新民等迁入居住。随后李文宜、辛志超、陈新桂、孙桂梧等先后迁入。从此"周公馆"成为民盟总部机关办公场所。

　　(五)危险关头,声援民盟

　　1947年10月27日,国民党当局宣布民盟为"非法团体"。11月6日,民盟总部被迫发表《中国民主同盟总部解散公告》。在民盟处于最困难最危险的时刻,中国共产党给予政治上的有力声援和热情帮助。

　　对于国民党镇压民主党派日益升级的趋势,周恩来早有预料。早在1946年6月28日,他就电告中共中央:时局一旦突变,我党在外的工作者和民盟及进步分子将分批到解放区,建议中央指示各解放区在沿途设接待站。为了帮助民主人士日后能在香港开展活动,周恩来特地介绍中共香港分局领导人连贯与沈钧儒、郭沫若等建立联系。

　　针对国民党政府悍然宣布民盟为"非法团体",迫害民盟的行径,新华社于1947年10月30日发表评论指出,"此举不啻宣告蒋介石的最后政治破产"。

　　在民盟被迫宣布解散的当天,新华社在此发表时评《蒋介石解散民盟》,指出:"民盟只是一个赤手空拳的组织,他们连一支手枪也没有,并且也不打算有,他们的凭借就是言论出版,而这样的武器也早已被蒋介石没收了。允许民盟这样一个组织的存在,在通常的情形下,即令一个政府已经自己觉到自己的危机,也应该没有什么可怕的,但是病入膏肓的蒋介石,今天害怕这样一个组织,他宁可向这个组织露出法西斯野兽的牙齿,宁可使在蒋介石统治下进行任何运动、合法运动、改良运动的最后幻想归于破灭。这种举动,其实际意义只是暴露和加重南京统治的异常紧迫的危机。"

中国共产党在时评中肯定了民盟在民主斗争中的进步作用,赞扬为民主事业而献出生命的闻一多、李公朴、杜斌丞等一些民盟盟员是"坚决反对蒋介石独裁和美帝国主义侵略的民主战士"。民盟"在若干历史关节中,实行了与中共在部分民主纲领上的政治合作,从而推进中国民主事业,乃是民主同盟的光荣"。

中国共产党热情鼓励民盟及民主党派彻底清除中间路线思想,继续奋斗,指出:"中国民主运动的基本特点乃是武装的革命人民反对武装的反革命集团。"蒋介石在国统区的恐怖行动再一次说明:"要有真正的和平,就必须坚决用武力来打倒蒋介石,就必须坚决拥护人民解放军的武装革命斗争,而决不能依靠任何合法的改良的方法。"希望民盟从这一事件中取得教训,放弃"任何对美国侵略者及蒋介石统治集团或其中某些派别的幻想","坚决地站到真正的人民民主革命的方面来,认清中间的道路是没有的"。如果民盟能够这样做,"则民盟之被蒋介石宣布为非法并不能损害民盟,却反而给民盟一走向较之过去更为光明的道路的可能性"。

(六) 全力营救,张罗脱险

民盟总部被迫解散以后,在国民党方面的"安排"之下,罗隆基先后在上海广慈医院(现为瑞金医院)、中山医院"治病"。1948 年 3 月起,罗隆基转至上海虹桥疗养院(现为徐汇区中心医院)。1949 年 1 月 23 日,在院长丁惠康劝说下,张澜亦住进虹桥疗养院。1 月 27 日,郭春涛夫人告之黄炎培:"某方将对我不利。我之外,表方、努生等。其方法为绑票或暗杀。"5 月 3 日,国民党保密局局长毛人凤来沪时对毛森指示:"总裁指示,凡属有嫌疑的人即予以逮捕,对张澜、罗隆基等予以监视。这件事本应由上海稽查处和上海警察局会办,因上海稽查处另有任务,希兄多负点责任。"

在获悉蒋介石将对张澜、罗隆基等下毒手后,周恩来立即指示中共地下党组织全力营救。中共地下党组织找到已被策反的国民党中央监察委员会杨虎,请他出面营救张、罗。5 月初,杨虎找到老部下,时任上海警备司令部稽查处警备大队副队长阎锦文,要他负责营救张、罗。

5 月 10 日中午,国民党上海警备司令部出动军警特宪包围虹桥疗养院。当天下午,史良接到中共方面的报警电话离家出走。5 月 21 日,阎锦文驱车将张澜、罗隆基从虹桥疗养院转移到南昌路杨虎公馆。5 月 27 日,接上级指示四处寻找史良的人民解放军 27 军官兵在海格路(今华山路)交通大学附近一幢公寓的地下室内找到史良。5 月 28 日,陈毅同志代表中共中央慰问张澜、罗隆基。当天,张澜、罗隆基、史良等联名发表声明,向领导人民革命的中国共产党及中共领袖毛泽东"表示热诚的庆贺"。次日,张澜、罗隆基致电毛泽东、朱德、周恩来、董必武:"澜不久将与罗努生兄等来京聆教。"6 月 1 日,毛泽东等复电张澜:"今后工作重在建设,亟盼各方友好共同致力,先生及罗先生准备来平,极表欢迎。"6 月 17 日,民盟上海市支部举行大会,欢迎即将赴平出席新政协会议的张澜、罗

隆基和史良。张澜在会致词,表示"我们民主同盟应在新民主主义
的旗帜下努力建设新中国。"6 月 18 日,张澜、罗隆基、史良等自沪
启程,于 24 日到达北平。

二　中共对在沪民盟领导开展工作的经验

(一) 广交朋友

　　广交朋友是中国共产党开展统一战线的一大特色。以周恩来
为例,1946 年 7 月 14 日,他在上海周公馆设立以后第一次来沪,当
晚就转成看望了民盟中央常委罗隆基,详细介绍了数日来在南京
与马歇尔、司徒雷登和国民党方面和谈的经过。7 月 17 日下午 5
时,周恩来由宁乘机抵沪。当晚,他又赶到海格路(今华山路)范园
张君劢寓所,与第三方面人士晤谈。7 月 25 日上午,周恩来、邓颖
超走访杨虎,并与杨虎的老部下阎锦文交谈。据阎锦文回忆,周恩
来平易近人,热情招呼他坐在周的身旁,语重心长地分析了国内形
势,希望他为人民多做贡献。由于周恩来的教诲,阎锦文对形势逐
步有了比较清醒的认识。上海解放前夕,他在营救张澜、罗隆基的
行动中,起了关键作用。仅在 1946 年 10 月,周恩来和民盟在沪领
导会面就达十余次,有走访,有接待,有宴请,形式多样。在张君劢
提交民社党参加"国民大会"以后,周恩来依然关注他,在给郭沫若
夫妇的信函中说:"对劢老(张君劢)可持保留态度",可谓仁至
义尽。

(二) 循循善诱

　　毋庸置疑,民盟和中共在一些问题上是有不同看法,怎样耐心

地说服同盟者,细心地做他们的思想工作,逐步地转变他们的认识,是以周恩来为首的中共代表的一大亮点。

　　以国共和谈为例。1946 年 6 月 26 日,国民党三十万大军大举进攻中原解放区,内战全面爆发。周恩来意识到以和谈方式解决问题已经不可能了。尤其对美国方面的调停,中共方面不抱希望。但民盟不这么看,他们依然为和平奔走呼喊,对美国政府及其派来的调停人员抱有幻想。周恩来知道,只有用活生生的事实,才能打破这些人的幻想。1946 年 8 月 31 日,周恩来获悉,美国准备把抗战时留在中国及靠近中国边境各地的武器,和一切军用物资,以极低的价格卖给国民党政府,立即向马歇尔提出抗议。9 月中旬,由于马歇尔、司徒雷登拒绝重开军事三人小组会议,坚持召开五人小组会议,国民党政府又不保证在实现停战和取消五项要求,致使和谈陷入僵局。周恩来宣布暂时退出谈判,由宁抵沪。他特意去看望了民盟秘书长梁漱溟,将起草的《七、八两月谈判要点和总结》送给梁漱溟,并介绍了和谈的内容、谈判难以继续的原因和责任。同时,不失时机地把美国政府出售军事剩余物资给国民党政府,这笔军火交易已秘密达成协议,原原本本告诉梁漱溟,从而使梁猛然醒悟。梁漱溟在晚年的回忆中写道,这"才矫正了我以前认为美方公正和马歇尔很好的错误看法。我才确知美国是在偏袒蒋介石。美国出卖军火给蒋岂非助纣为虐?"10 月 10 日,梁漱溟去周公馆劝说周恩来回南京重开和谈,建议国民党宣布停战,共产党提交参加"国大"名单。第二天,梁漱溟乘夜车回南京,打算与国民党方面协商此事。12 日晨,在南京车站看到当天报纸刊登国民党军队占领张家口的报道,政府并单方面下达了国民大会召集令,顿时感觉到"一切完了,绝望了。"然而,蒋介石为了给"国大"披上合法外衣,假

惺惺地派政府代表雷震、吴铁城、邵力子,赴上海力邀周恩来及民
盟代表进京商谈,并让第三方面向中共劝驾。第三方面人士以为,
和谈又有了新的转机,竭力劝周恩来回南京谈判。周恩来明知这
是一个骗局,和谈根本不会有结果,但为了用事实教育第三方面人
士,他还是于10月21日同第三方面人士一起来到南京做最后的谈
判。蒋介石却在关键时刻避往台湾。24日,传来国民党军队侵占
安东的消息。周恩来气愤地对第三方面人士说:从此以后,再不和
谈了,我们亦回延安了。其实,蒋介石一点也不了解共产党,殊不
知共产党是不怕压的,共产党是从无到有,从最底层翻上来的。周
恩来又真诚地提醒第三方面人士,和平不是恩赐的,是要靠斗争来
取得的。第三方面人士通过对和谈的最后努力,认清了蒋介石以
谈判掩盖内战的真面目。

(三) 求同存异

1946年5月4日,中共中央发出关于土地改革的指示,一场轰
轰烈烈的土改运动在解放区迅猛展开。由于土改初期缺乏经验,
致使土改运动中发生了过激行为,许多地主逃亡到上海、南京等城
市,引发了黄炎培等民盟上层人士的疑虑。6月6日晚,黄炎培、梁
漱溟和周恩来在民盟总部长谈。黄反映所闻土改中的过激行为,
并把自杀的开明人士刘崇祐遗言告知周。周恩来动情地说:五四
运动时,崇祐是律师,为我辩护,更以金钱接济,至今衔感。事实上
周恩来此前已致电中共中央:"可否在苏北之斗争方式选择较温和
办法,以便争取上层中产阶级。"

6月27日,毛泽东电周恩来:"中央正考虑由各解放区发行土
地公债发给地主,有代价地征收土地分配农民。其已经分配者,补

发公债,如此可使地主不受过大损失。惟汉奸、土豪劣绅、贪官污吏、特务分子不在此例。你们可向中间派非正式地透露此项消息。"根据毛泽东等关于以有偿赎买方式解决土地问题的考虑,中共中央与 7 月 19 日发出《关于研究答复制定土地政策中的几个问题的指示》,提出以赎买方式解决土地问题,并要求各地迅速研究其实施的可能性电告中央。由于全面内战爆发,各地对此反映不一,有些地区要求暂缓发布新政策,因而以赎买方式解决土地问题的设想没有实现。为了说服黄炎培等民盟人士,中共中央派李维汉、齐燕铭多次登门拜访黄炎培,与其长谈,不厌其烦地介绍中共土改政策,黄炎培虽然认为土改有必要,但对土改中清算地主的行为仍持不同意见。对此,中共有人甚为不满,认为黄是江南地主阶级的代表,但中共高层并没有对黄炎培持排斥态度,仍然对他热情相待,积极争取。

(四) 以情感人

青年党李璜原是民盟中央常委,晚年,他在回忆录中说,周恩来是个极为出色的演员,在第三方面调解国共关系的过程中,他时而朗声大笑、时而声泪俱下……第三方面众人被他的演技吸引,最终多数人跟着中共走了。

如果说周恩来是在演戏,那么,他就是一个本色演员,他的朗声大笑、声泪俱下均发自内心的真情实感。1946 年 7 月 13 日,当他听到李公朴先生在昆明被国民党特务暗杀时,据许涤新回忆正在主持会议的周恩来流下了悲愤的泪水,他对在坐一位曾经指责李公朴为人的党内干部说:李先生是一位真正的民主战士,你说他是不是? 他的血是为民主而流的! 几天以后,当他听到闻一多被

害的消息后,再一次留下了真挚的眼泪。特别是 1946 年 7 月 25
日,当他在上海周公馆准备当天下午的记者招待会时,听到了陶行
知先生突发脑溢血的噩耗,立即同夫人邓颖超驱车赶往余庆路爱
棠新村 13 号,握着陶行知先生尚有余温的手,动情地说:"陶先生,
你放心地去吧……"六十多年后的今天,重温周恩来当年的话语,
我们民盟的同志仍激动不已。

在同第三方面认识的接触中,周恩来始终怀着一种出自内心
的真情。1946 年 10 月 11 日,国民党当局在攻占了张家口的当天,
宣布于 11 月 12 日召开"国民大会"。周恩来怒不可遏,他深知与蒋
介石的和平谈判不过是一场戏,但是为了让仍然热衷于和谈、对和
平抱有一丝希望的民盟朋友们不寒心,更重要的是让铁的事实教
育第三方面,周恩来强压怒火,一次又一次地同第三方面接触,耐
心地听取他们的劝告,并同他们一起由沪抵宁,与国民党上演了一
出没有结果的和谈剧。

1946 年 11 月在民盟是否参加"国民大会"的关头,周恩来以他
的真心诚意打动了他的民盟朋友。当国民党方面威胁利诱,无所
不及之时,周恩来亦使出浑身解数,让周新民等打电话给张澜主
席,听到表老在电话中用洪亮的声音说:"参加不得呀,参加不得
呀,参加不得呀……"后方才离去;让原本不想充当张君劢说客劝
说张东荪参加国民大会的叶笃义去北平,做张东荪的思想工作;让
在第三方面劝说蒋介石在召开国民大会的时间上推迟一个月,说
明中共方面出席国民大会的书面报告签字的沈钧儒、章伯钧和张
申府去做第三方面的工作,不要上蒋介石的当,还亲往交通银行苦
口婆心地劝说第三方面认识……可以说那是周恩来最为繁忙的一
段日子,也是他最为辛苦的一段日子。他用自己的真心诚意、感动

了民盟朋友,帮助民盟在大是大非的关头守住了政治道德的底线。

(五)鼎力相助

自 1946 年 5 月抵达南京起,以周恩来为首的中共代表对民盟在沪领导高度关心和热诚帮助。李公朴、闻一多血案发生后,周恩来致电哀悼,向国民党政府突出强烈抗议。陶先生逝世后,他给中共去电报:"今后对进步朋友的安全、健康,我们必须负责保护。已告上海潘汉年及伍云甫,在救济方面多给以经济和物质的帮助,在政治方面也须时时关照。"1947 年 3 月,中共撤离国统区,已先期返回延安的周恩来于 3 月 4 日致电张澜,委托民盟代管中共在国统区的所有财产。曾任民盟中央副主席的叶笃义回忆说:"名为代管,其实是无偿赠与,中共的这一举动不但在物质上给予民盟很大帮助,同时在国内外影响上大大提高了民盟的威望。"曾长期在周恩来领导下工作的原中央统战部副部长童小鹏说:"周恩来出的这个好主意,一是保留中共的合法产权,不让国民党没收;二是民盟的物质条件比中共困难,托民盟代管,实际上也是让他们使用。"就在周恩来致电张澜的同一天,他还指示董必武:"京、沪特务甚注意章伯钧、罗隆基、史良三人,应告他们速布置香港退路",充分体现了中共对民盟朋友的关心。1949 年 5 月,周恩来指示中共地下党全力营救张澜、罗隆基、史良等留沪民盟领导。在中共地下党组织的努力下,张澜等民盟领导死里逃生,与中共真诚合作,为建立新中国做出了贡献。

1946—1949 年是中国共产党以高超的艺术开展统一战线工作,并取得辉煌成就的时期。回顾历史,总结经验,对今天不无启迪。六十多年前民盟前辈能够在中国共产党的感召下,郑重而又自觉地接受中国共产党的领导，走上了与中共亲密合作，共同建设新中国的道路。六十多年后的今天，我们应以老一辈为榜样，继承他们的优良传统，在中国共产党的领导下，坚定不移地走中国特色的社会主义发展道路，为实现中华民族的伟大复兴而共同奋斗。

对在尊重差异中扩大认同的一点思考

开展树立和践行社会主义核心价值体系活动是当前民盟工作的重点。为什么要开展这个活动,活动的关键又是什么?我以为就是要解决"认同"这个问题。认同什么?当然是坚持中国共产党的领导,坚持中国特色的社会主义政治发展道路。在社会多元化的今天,怎样才能做到让青年一代自觉地接受中国共产党的领导,坚定不移地走中国特色社会主义发展道路呢?历史是一面镜子,回顾民盟前辈的实践,寻觅他们前行的足迹,对今天我们开展树立社会主义核心价值体系活动不无启迪。

众所周知,民盟创立之初的几位前辈多为清末秀才、举人,虽说与时俱进,但他们终究不是马克思主义者。然而,在长期的政治生涯中,他们终于与中共携手合作,成为中国共产党的朋友,为中国共产党领导的多党合作和政治协商制度的建立和发展做出了不可磨灭的贡献。

以张澜为例。表老是清末秀才,早年力主君主立宪。二十年代起倡导地方自治,伸张民权。九一八事变发生后,他呼吁团结,主张联共。抗战全面爆发后,他出任国民参政员,与周恩来、董必武等中共人士有了接触。1945 年秋，毛泽东抵达重庆与蒋介石进行和平谈判。张澜与毛泽东多次面晤。毛平易近人，和蔼可亲，特别是他亲临特园时与手沾泥土的工人一一握手的一幕，让张澜为之感叹：得天下者，毛泽东也。1949 年 6 月 17 日，他在民盟上海市支部欢送他去北平出席新政协的大会上旧事重提："我在重庆时，曾与毛泽东谈过多次。后来在我的日记里，曾记下三句话，作为我的座右铭：一、自我检讨；二、接受批评；三、向人民学习。这些原本是共产党的口号，不过我认为值得接受并加以强调，也是我今天要向诸位同志贡献的。"1955 年 1 月 27 日，表老病重住院，民盟中央常委周新民前往探视。张澜用微弱的声音说："请转告全体盟员，要牢记毛主席的教导：谦虚、谨慎、戒骄、戒躁，全心全意为人民服务。"可以说张澜对以毛泽东为代表的中国共产党人的人格认同，是他带领全体盟员走上和中国共产党真诚合作，进而自觉接受中国共产党的领导的基础。

再说黄炎培。他 1902 年应江南乡试，中举人。早年信奉教育救国，1917 年在沪创立中华职教社，是中国职教界的领军人物。和张澜相同，他与周恩来、董必武等中共人士第一次接触是在抗日战争爆发后。此前，他于 1937 年底阅读了美国著名记者斯诺编写的《毛泽东自传》，对与他相仿，出身农村，好文擅诗的毛泽东印象深刻。1945 年 7 月的延安之行，更让阅历丰富的黄任老见识了一位思想睿智、勇于实践的毛泽东。于是，便有了那个流传至今的"窑洞对"；于是，从那一刻起，黄炎培的情感在不知不觉中移向了中共这一边。

在民盟创建者中最早去延安的是梁漱溟。1938 年 1 月，这位中国乡建派的领袖风尘仆仆地来到延安，和毛泽东多次长谈,其中两次通宵达旦。一次谈抗战前景。毛泽东娓娓而谈,将尚未发表的《论持久战》中的观点细细道来。梁先生说:"我非常佩服他,五体投地的佩服。"另一次是谈抗战胜利后的建设,彼此见解不同,争论不休。但毛泽东的气度和风貌让梁漱溟印象深刻:毛披一件皮袍,时而走动,时而坐下,时而往床上躺。他不动气,不强辩,说话幽默,常有出人意料之妙语。明明是各不相让的争论,却让人心情舒坦,如老友交谈。分手时,天将破晓。毛泽东送他出门,说:"梁先生,咱们今天的争论,不必先做结论,姑且停留,听下回分解吧。"是年3月,卢作孚在徐州德明饭店宴请黄炎培,梁先生作陪。席间,梁先生谈到延安之行,说:"此番会晤,在我印象上甚好,古时诸葛称关美髯逸绝群伦,我今有此叹。"

梁先生对毛泽东赞叹,是他对毛人格的认同。民盟前辈们的这种认同,为今后的合作奠定了基础。在这个基础上,更进一步,就会朝着政治认同的方向发展。

那么,对前辈们来说,这个更进一步又是什么呢?

1949年1月6日美国记者高尔雅采访张澜,当他问道:"中共领袖是不是国际共产党"时,张澜回答:"我没有去过延安,但我见过毛泽东,读过他写的《新民主主义论》。如果毛泽东照这本书里说的去做,他就是中国的民族主义者。我赞成毛泽东执行中国的共产主义。"

张澜说的《新民主主义论》是毛泽东1940年1月在延安窑洞里完成的。在这篇名作中,毛泽东提出中国革命必须分两步走:第一步是新民主主义。在这个阶段,不但有新政治、新经济,还有新文化。梁漱溟、李公朴、赵超构、黄炎培等的延安之行,为毛泽东描绘这个蓝图增加了动人的实景。

　　在梁先生的笔下,延安"气象确是活泼,精神确是发扬",学校"花样新鲜,趣味丰富","一般看去,各项人等,生活水平却都差不多;没有享受优厚的人"。在李公朴笔下:"延安是一个革命的实验区","许多中华民族的优秀子孙,都在这里得到孕育、成长","它在历史上的巨大影响,是至为深远的"。在赵超构的笔下:延安是一个"粗糙、幼稚,然而颇为刚健的农业都市",延安的干部都是穿着草鞋衣着随便的凡人,毛泽东是"有着我们一般人所共通的幽默和趣味的"人,他的讲话"音节清楚,词令的安排恰当而有条理","从头到尾是理论的说明,却不是煽动性的演说"。在黄任老的笔下,延安没有一寸土地荒芜,没有一个人闲荡,男男女女气色红润,新编秧歌剧《兄妹开荒》引人入胜。甚至连那个以反共著称的左舜生,延安归来,亦对人说:延安的干部的生活和百姓十分相近,他们没有脱离群众。这一切,怎能不让人心驰神往呢。于是,我们听到了闻一多和张光年昆明秋夜的"月下漫谈"——闻:"我想去延安看看,你能帮助我吗?"张:"现在不行了,路不通。"闻:"青年们信任我们,咱们办法少,得去延安取点经。"张:"你是闻一多,保不了密,去不了。"闻:"你就想想办法,让我去看一眼嘛!"于是,我们听到了张澜在重庆特园对毛泽东推心置腹地说的那一段话:"五四以后,为了摆脱北洋军阀的统治,我曾经同吴玉老(吴玉章)在川北推行过地方自治,深知政权、军权对人民的重要性。国民党丧尽民心,全国人民把希望寄托你们。你们当坚持的,一定要坚持,好为中国保存一些干净土!"

　　这是一种升华,是从人格认同到文化认同的升华。

　　正是有了这种升华,当费孝通在去西柏坡的路上,看到"没有

枪兵押着""深夜点了灯笼还在前进"的送粮队伍时,才会发出:
"我曾参观过英国海上军舰的行列,也曾目击过大战时非洲盟国空
军基地的规模。那时却并没有这次在黄土平原上看粮队时的激
动"的感叹。

正是有了这种升华,当梁漱溟先生在目睹"一个全国统一稳定
的政权……屹立在世界东方"时,才会说出:"我到此时再不能不相
信共产党。因此我现在要声明,今后在政治上我将信从中国共产
党的领导。并且两年来发觉自己在生活态度上在思想上很有毛
病,很有缺点。今后亦要学习共产党的思想方法以改造自己"的肺
腑之言。

更让人叹慨的是,在经历了建国以来几十年的风风雨雨之后,
我们的前辈初衷不改。

1985 年,梁漱溟在接受采访时说:"毛泽东是新中国的缔造者,
近代中国历史上为数不多的几位伟人之一";"现阶段的中国政治,
中国共产党作为领导党的正确领导,将是决定事物成败的第一先
决条件。"

2000 年,费孝通在与青年学者对话时,充满感情地回忆起当年
在西柏坡与毛泽东第一次见面的情景,说:"他讲的是好呀,中国知
识分子还是他呀",中国要起来,靠自由知识分子"不行","所以寄
希望于毛泽东"。之前,他曾发起各民主党派赴西柏坡参观学习活
动,在题为"风雨五十载,选择永不变"的发言中强调:"中国的知识
分子只有在中国共产党的领导下,在社会主义制度下,才能实现爱
国强国的抱负"。

既然我们的前辈在长期的实践中,经过比较,能够自觉地、郑
重地选择中国共产党领导的多党合作和政治协商制度,既然我们

的前辈在经历了建国后的风风雨雨之后依然初衷不改,那么我们又有什么理由不能做到在中国共产党的领导下,为建立一个文明、民主、富强、和谐的社会主义现代化国家而共同奋斗呢?!

润物细无声

　　最近一个时期,各民主党派正在开展坚持和发展中国特色社会主义学习实践活动,一些党派领导在主流媒体发表文章,对开展学习实践活动的意义,特别是怎样做中国特色社会主义维护者和捍卫者进行了阐述。作为一个长期从事党派宣传的工作者,我无意重复这些文章的内容,我想说的是,我们应当用怎样的方式,让我们的成员明白为什么要成为中国特色社会主义的维护者和捍卫者。

　　1944 年 7 月,民盟先贤赵超构随"中外记者西北参观团"访问延安后,在新民报上发表了长篇报道《延安一月》。那个时候,能像赵超构这样客观真实地反映延安的凤毛麟角。比如他写毛泽东:"谈话时,依然满口的湖南口音,不知道是否因为工作紧张的缘故,显露疲乏的样子,在谈话中甚至未见笑颜。然而,态度儒雅,音节清楚,词令的安排恰当而有条理。我们依次听下去,从头到尾是理论的说明,却不是煽动性的演说。"这样的文字,对国民党统治区的知识分子和平民百姓无疑具有很强的吸引力。这种作用,《新华日报》做不到。所以,夏衍晚年还这样转述中共高层对赵超构的评

价:"周恩来同志不止一次赞赏过这篇报道,把它比作斯诺的《西行
漫记》,要党的新闻工作者向他学习。1945 年毛泽东同志到重庆,
也对潘梓年、章汉夫和我说:'我看过《延安一月》,能在重庆这个地
方发表这样的文章,作者的胆识是可贵的。'"

　　1944 年咱们民盟还发生过一件大事。那年 9 月 19 日,民盟在
重庆特园开过全国代表会议,"中国民主同盟"这个名字,就是这次
会议定的。此前,民盟的全称是"中国民主政团同盟"。这次会议
召开前,中共找过民盟,商量怎样提出"联合政府"的主张。中共原
本打算以提案的方式在国民参政会议上提出,民盟说不行。为什
么呢? 蒋介石不干,这个提案尚未出台,老蒋就把它毙了。后来,
中共接受了民盟的建议,林伯渠在国民参政会作报告时,随便把
"联合政府"的口号提出了。用这样的事例来解读今天的协商民
主,咱们盟员听着入耳。

　　有人说你讲的都是老皇历,好吧,咱们就讲点新鲜的。1955 年
11 月 9 日,民盟中央领导当着周恩来的面说:"总理呀,农业合作化
了,资本主义商业改造了,知识分子的问题是不是应该讨论一下
了。"当时,民盟中央文教委员会花了两三个月的时间调查,获得了
近二千个高级知识分子的材料。次年 1 月,向中共中央统战部和
全国政协送交了《关于高级知识分子问题委员会的建议》,为中共
中央改进知识分子政策提供了有力的依据。1990 年代,费老通过
调研后提出"以上海为龙头,以江浙为两翼,带动中国巨龙腾飞"的
战略设想。他的这个设想几年以后被写入了中共十四大报告。时
至今天,国家领导出访时经常说起的"美美与共,天下大同",不也
是费老的原话吗。

　　综上所述,怎样开展学习实践活动,我的答案就是用我们身边

的人和事,告诉盟员为什么要坚持和发展中国特色社会主义。当你把沈钧儒晚年亲口讲述他亲身经历"议会闹剧"的往事告诉盟员,当你把梁漱溟经过多年思考得出"中国要实现富强就不能搞多党制"的经历告诉盟员,当你把费孝通从民盟主席位置上退下来时倡导要走西柏坡的故事告诉盟员,坚持和发展中国特色社会主义的道理就像如期而至的春雨,润物细无声。

发挥民主党派的"独特优势和作用"

目前,全盟正在开展坚持和发展中国特色社会主义实践活动。

怎样理解习近平总书记讲的"独特优势和作用"呢?我想到民盟在不同历史时期曾经发挥过"独特优势和作用"。1946 年 10 月,蒋介石在国民党军队攻占张家口的当天,下令召开"国民大会",民盟主席张澜不买蒋介石的账,他用洪亮的声音告诉世人:你蒋介石攻下张家口就下令召开"国民大会",是威胁,是利诱,这种"国民大会",我们民盟坚决不参加。周恩来同志在延安干部大会上说,民盟不参加,"国大"开了,就很臭。这不正是咱们的"独特优势和作用"吗?二十世纪五十年代,民盟又曾发挥过这种作用,帮助中共做了三件事:一是教师队伍的思想改造;二是高等院校的院系调整;三是教学改革。到了九十年代,费孝通和当年一起去西柏坡的雷洁琼共同发起"重走西柏坡"活动,正是协助中共解决民主党派"政治交接"这个重大问题。

那么,怎样才能继续发挥民主党派这种"独特优势和作用"呢?我又想到了费老。他曾经这样描述中国的政党制度:咱们有个前辈闻一多,他的名字可以说明中国的政党制度,那个"一"就是一党执政,那个"多"就是多党合作。他老人家的话,盟员爱听。这不正是我们对广大盟员进行中国特色社会主义教育的最好案例吗?

综上所述,我以为,用民盟历史上曾经发挥独特作用的案例,用广大盟员尤其是青年盟员喜闻乐见的语言,把为什么要坚持和发展中国特色社会主义的道理说清说透,应该是今天民主党派发挥"独特优势和作用"的一个好办法。

从《人民日报》两篇文章说起

　　2012 年 11 月 27 日、31 日，《人民日报》发表了伍正华撰写的《信仰的味道》和叶小文撰写的《重提"延安对"　常听诤友言》，分别讲述了陈望道当年在浙江义乌分水塘翻译《共产党宣言》时蘸着墨汁吃粽子的故事，和习近平不久前走访民建中央时，重提 1945 年 7 月黄炎培在延安与毛泽东就怎样走出历史周期律的对话。这两篇文章提到的陈望道、黄炎培也都是民盟盟员。黄炎培是民盟创始人之一，曾任民盟首任主席。陈望道在新中国成立后加入民盟，1958 年起任民盟上海市委主委、民盟中央副主席。

　　把信仰和味道结合起来，颇有新意。虽然民盟与中共不同，但也有对信仰的追求，李公朴、闻一多血染昆明，不就是为了争民主、反内战吗？"李闻血案"发生后的第三天，时任民盟中央秘书长的梁漱溟对新闻界发表讲话："李闻两先生都是文人、学者，手无寸铁，除以言论号召外无其他行动。假如这样的人都要斩尽杀绝，请早收起实行民主的话，不要再说，不要以此欺骗国人。我个人极想退出现实政治，致力文化工作……但是，像今天这样，我却无法退出，我不能躲避这颗子弹，我要连喊一百声'取消特务'！我倒要看看国民党特务能不能把要求民主的人都杀光。"这样的文字,至今读来,仍让人心潮澎湃。

当然,在信仰方面中共是楷模。当年,我们的前辈就是在以毛泽东为代表的中国共产党人为理想而献身的精神感召下,做出了自觉接受中国共产党领导的历史抉择的。至于叶小文的文章,既是对中共与民主党派亲密合作历史的回顾,也是希望如今的民主党派能够像当年的黄炎培那样讲真言、做诤友。

众所周知,梁先生在1953年曾当众顶撞过毛泽东。粉碎"四人帮"以后,有人企图诱他骂毛。他说毛不讲法制,把阶级斗争推向极端,但他是新中国的缔造者,"他死了,我很寂寞"。讲诤友,梁先生绝对算一个。

历史是一面镜子。在中华民族为实现"中国梦"而奋发努力的今天,重温历史,对中国共产党领导的多党合作和政治协商制度的坚持和在协商民主中讲真话、做诤友,不正是我们义不容辞的历史责任吗?!

"文化自觉"与"中国梦"

　　当"中国梦"成为举国关注的热点时,我想起了费孝通先生和他提出的"文化自觉"。"文化自觉"作为一个理论引发的一种社会思潮,启始于1997年。那年1月4日,费老在北京大学重点学科汇报会上的讲话,提出了"文化自觉"这个概念,并作了注释:"文化自觉只是指生活在一定文化中的人对其文化有'自知之明',明白它的来历,形成过程,所具有的特色和它发展的趋向,不带任何'文化回归'的意思,不是要'复旧',同时也不主张'全盘西化'或'全盘他化'。自知之明是为了加强对文化转型的自主能力,取得决定适应新环境、新时代对文化选择的自主地位。文化自觉是一个艰巨的过程:首先要认识自己的文化,根据其对新环境的适应力决定取舍。其次是理解所接触到的文化,取其精华,去其糟粕,加以吸收。各种文化都自觉之后,这个文化多元的世界才能在相互融合中出现一个具有共同认可的基本秩序和形成一套各种文化和平共处、各舒所长、联手发展的共同守则。七年前在我八十岁生日在东京和老朋友欢叙会上的答谢词中,我瞻望人类学的前途时所说的'各美其美,美人之美,美美与共,天下大同'这一句话,其实就是今天我提出的文化自觉历程的概括。"

费老在讲"文化自觉"时,我以为他对中华民族的伟大复兴早已胸有成竹。那一年,他老人家辞去了民盟中央主席,怎样搞好政治交接是他关注的一个重点。第二年秋天,他和当年一同去西柏坡见毛泽东的雷洁琼联名倡议"重走西柏坡"。故地重游,费老语重心长地说:中国的民主党派和广大知识分子只有在中国共产党的领导下,才能实现爱国强民的抱负。他曾经对上海的一位学者说:救中国还是要靠毛泽东。他说的毛泽东就是中国共产党。在他看来,只要各方面齐心协力,在中国共产党的领导下,中华民族就一定能实现伟大复兴。此时此刻,费老更关心的是复兴后的中国怎样与世界各国相处的问题。正是出于这种关注,他提出了"文化自觉"。

2013 年,我们已经成为 GDP 仅次于美国的国家。我们的邻居怎么看,世界怎么看,狐疑、惊恐? 还是欣喜、欢迎? 5 月 22 日,英国 BBC 网站发布了一条消息:BBC 国际台委托进行的全球民意调查显示,国际社会对中国的印象降至八年来的最低点。中国怎么了? 环顾四周,让人担忧的是学术界的看似理性的自高自大。多年前,不就有一位学术大家提出过"三十年河东,三十年河西"的论调吗? 在我看来,这和"不是东风压倒西风,就是西风压倒东风"同出一辙。说穿了,就是"俺们比你强"。费老不这么看,他讲"文化自觉",讲认识自己的文化的同时理解其他文化,讲各种文化和平共处、取长补短。

回顾费孝通先生提出的"文化自觉",对国人是一种警告。

对政协和传统文化的思考

政治协商会议在中国历史上具有里程碑式的意义。1946年旧政协会议是中国各种政治势力第一次坐下来，以平等的方式协商国家大事。1949年新政协会议则以协商民主的方式，为中华人民共和国的建立奠定了基础。

回顾政协会议的发起和发展过程，我认为它和中国传统文化有着十分密切的关系。我想从三个方面来谈谈我对政协和传统文化关系的思考。

一　有经有权

有经有权是中国古代哲学的一对重要范畴。经指常规，权就是变通。1946年召开的旧政协，民盟和中共通力合作，通过了五项决议，使中国有了走向和平民主道路的希望，这就是1946年的"经"。为了维护这个经，民盟和中共联手，几经磨难，终因国民党的破坏失败了。

1949年召开的新政协，经就是中华人民共和国，权就是民主联合政府。没有民主联合政府这个权,中华人民共和国这个经的难度就会大大增大。七十年后的今天,我以为这个经就是中国共产党领导的多党合作和政治协商制度,至于权就是充分发挥这个中国特色的特点和优势。柳宗元说过:"经非权则泥,权非经则悖"。拿到今天讲,就是参政议政、民主监督、政治协商不真正做到做好,中国特色的政党制度就会成为"泥"。

二　求同存异

我以为求同存异就是协商民主,当年的新中国就是在政协会议上,经过求同存异协商出来的。今天我们要实现民族伟大复兴,求同存异是必不可少的。对中共而言,求同存异要有雅量,以毛泽东为例,为了建立新中国这个"同",他可以存"大异":让有"三分天下"计划的李济深当中华人民共和国副主席,让提出有合法在野党权力的罗隆基当政务委员,让反对"一边倒"的张东荪当中央人民政府委员。对民主党派来说,也有更好地发挥参政党作用的问题,如果没有战略眼光大局意识,只讲些鸡毛蒜皮的事,你就不是个党。

此外,我们必须看到,求同存异不是求同灭异,马克思主义是讲辩证法的,有同必有异,异是灭不了的。以思想改造为例,费孝通晚年讲"还我知识分子身",你把知识分子改造成有知识的工人、农民,可能吗?

三　和而不同

这个"和而不同"前面还有"君子"。今天讲君子文化,从来不提相互平等、互相尊重。我以为这种平等、尊重是文明社会的标志。民主党派和中国共产党的关系应该是和而不同的君子关系，而不应该同而不和。

讲完了君子关系，再来谈一谈和而不同。中国人是讲天人合一，怎么合？首先就是要尊重自然规律，就应该承认万事万物不可能是一个样子的。所以承认并认同和而不同是对自然规律的尊重，也是中国人对君子社会的向往和追求。

说说我们的"初心"

　　习近平总书记在中共十九大报告中为我们描绘了中共的初心：为中国人民谋幸福，为中华民族谋复兴。但有人（包括笔者）以为，作为马克思主义信徒，中共的初心应该从《共产党宣言》中去寻找。然而经过进一步思考，我有了新的想法：陈独秀、李大钊、毛泽东他们之所以选择马克思主义，不就是为了中国人民过上幸福生活，让中华民族实现伟大复兴吗？

　　事实上，只要是在那个风雨飘摇年代诞生的中国政党，它的初心不都是为了中国人的幸福，为了中华民族的复兴吗？孙中山如此，咱们民主同盟的张澜、黄炎培、沈钧儒如此，青年党的曾琦、左舜生、李璜如此，国家社会党的张君劢、张东荪如此。所以对"初心"一说，我以为应做进一步思考。在我看来问题的关键在于实现这个"初心"，应该选择什么样的道路。孙中山为国民党选择的是"三民主义"，中共信仰马克思主义，青年党选择了国家主义，民盟则提出了以苏联的经济民主补充英美的政治民主。1946年1月在重庆召开的政协会议上，民盟拿出的政治方案得到国民党、共产党的认可。"政治民主化，军队国家化"，在一个时期内成为当时中国的主旋律。为了维护政协决议,民盟与中共合作,与公然撕毁政协决议发动全面内战的国民党当局进行斗争,被蒋介石政府宣布为"非法团体"。在决定中华民族命运的战斗中,民盟毅然决然地"一边倒",倒向高举民主大旗的中国共产党,为新中国的诞生做出了不可代替的贡献。

新中国成立后,民盟按照中共的指示,带领知识分子进行思想改造,为文化教育配合社会主义建设发表积极作用。虽然经历了"反右"运动和"文化大革命",虽然遭受了血与泪的磨难,以费孝通、钱伟长、苏步青、谈家桢为代表的民盟盟员,依然认定当年民盟接受中共领导是唯一、正确的选择。因为领导中华民族实现伟大复兴的核心只有中国共产党,中国知识分子实现民主富强的希望只能在中共的领导下实现。

那么,接受中国共产党的领导是否意味着民盟先贤对中国民主的追求探索就没有价值了呢? 当然不是。

我们讲到"反右"运动、"文化大革命",还有那个"三年自然灾害"以后如何才不会发生,答案只有一个。就是早在 1945 年 7 月 4 日,毛泽东在他居住的窑洞里,面对黄炎培提出怎样走出历史周期率的问题时,便斩钉截铁地说:我们已经找到了这条新路,这条新路就是民主。直到 1956 年他还讲:美国发展快,其政治制度必有可学习之处。然而不到一年的时间,毛泽东对民主却有了新的解释:民主嘛,无非两种,一个叫做"小民主"(就是"咬耳扯袖、红脸出汗"),另一个叫做"大民主"(就是"大鸣、大放、大字报、大辩论")。这么搞能够走出历史周期率吗?

尽管经历了"文革"后有改革开放,有邓小平南巡讲话,尽管腐败成风后有了习近平总书记领导的反腐斗争,但是坦率地说,中国依然没有走出历史周期率。但为什么不可以预防呢？这种预防就是毛泽东早在 1945 年讲的"民主"。如果说民主革命时期咱们是和中共合作向国民党争民主的话，今天咱们是不是应该像费老讲的那样为走出周期率与中共携手建民主呢？所以，民盟先贤对民主的探索是很有价值的，李公朴、闻一多的血是不会白流的。

从活动现状看特色在民主党派建设中的重要作用

从民主党派形成和发展过程看,特色对每一个党派都有不可或缺的重要作用。以民革为例,它在 1948 年成立,由于它是国民党内几个反对蒋介石独裁专制的民主派的联合体,所以在解放战争中发挥独特的作用。再说民盟,它的前身——统一建国同志会诞生于旧中国第一次宪政运动高潮之中,又是旧中国第二次宪政运动的旗手,吸引了国民党、共产党之外的三党三派,成为中间阶级的领导者。至于民建,它的主体是工商界人士,这就是民建这个党派的特色。

时至今日,环顾八个民主党派,我们不得不承认这些历史上曾经有过的特色正在退化,趋同化现象越来越明显。以八个民主党派活动现状看,大多不讲党派特色,没有党派元素。我梳理了近年民主党派活动状况,归纳为四种类型:

一

紧跟不动脑。习近平总书记在 2012 年 11 月 29 日第一次提

"中国梦":2049年实现中华民族伟大复兴。某党派中央于2013年4月决定在本党派开展"薪火相传,圆多党合作之梦"。众所周知,"中国梦"是未完成式,而多党合作于1949年9月初步形成,经历六十多年的磨练,已经成为成熟的具有中国特色的政党制度。把这样一个成熟而有特色的政党制度说成是一个"梦",显然是不严肃的。

2016年7月1日,习近平总书记在庆祝中国共产党成立九十五周年大会上首次提出"不忘初心"。一些民主党派领导人在党派内也喊出了"不忘初心"的口号,他们没有意识到本党派的"初心"与中共并不一致。好在中共中央统战部及时发现问题,提出了"不忘合作初心"。今年3月4日,习近平总书记在参加全国政协民盟、致公党和无党派联组会议时,再进一步,提出"不忘多党合作建立之初心"。

当红色基因成为热点时,又有某民主党派提出了"传承红色基因"的倡议。什么是红色基因?它是中共特有的,根植于共产党人血脉之中的遗传因子,与民主党派没有必然的联系。然而民主党派中的某些人不经思考,用"读稿不走心"的方式,提出了要民主党派成员传承红色基因的倡议。

二

茫然不懂史。民盟某位同志在作盟史报告时,竟将中国最后一位状元说成了沈钧儒,还把张澜先生讲成了"铁路运动"的领导人,称章乃器是著名盟员。还有一位担任多年省级民盟副主委、某省现任统战理论研究会常务理事长的张某某,竟把民盟称之为"民主同盟会"。

农工党中央有人说：咱们这个党的党名是周恩来取的，说是 1947 年 1 月在上海愚园路联安坊 11 号开第四次全国大会时，对修改党名有争议，有人便去找周恩来，在周的建议下定名"农工民主党"。其实周恩来早在 1946 年 11 月 19 日返回延安。

今年 8 月 1 日，有人公开发表文章，置疑南昌起义是由中共领导的，理由是朱蕴山是民革的，章伯钧是农工民主党的。

这种不懂历史的随意创造并不少见，对民主党派部分成员颇有影响。

三

胡乱瞎解释。在五一口号发布七十周年之际，民主党派某省级领导撰文说五一口号不到一千五百字，却引发了民主党派的热烈响应。事实上引发民主党派热烈响应的是第五条，不到五十个字。

这种与本质相去甚远的"创意"，让党派成员的思考产生歧义，会对民主党派的自身建设带来不利的影响。

（一）不协调现象产生的原因

1997 年各民主党派换届时，时任中共中央总书记的江泽民同志提出了政治交接这个概念，即民主党派的换届不仅仅是人事上的交接，更重要的是政治上的交接。这个讲法很及时，也很准确。但问题在于我们强调政治交接的同时，对党派历史、现实的了解"交接"不够重视，天长日久，出现上述种种现象。

改革开放以来，民主党派之所以能够发挥参政党的作用，是同这些党有费孝通、雷洁琼、孙起孟等一批熟悉本党历史,了解成员心理的领袖分不开的。

一个政党如果连自己的历史都不清楚,连自己成员的想法都不了解,它又怎能发挥应有的作用呢?

所以熟悉历史,了解现状,懂得自己党派的特色是民主党派领袖必须解决的问题。

（二）特色是民主党派发挥作用和加强自身建设的关键因素

1. 从历史中发现特色

以民盟为例。民盟历史上称"三党三派",几乎包括了共产党、国民党之外的中间势力,经过大浪淘沙,形成今天以教育、文化、科技界中上层知识分子为主的中国特色社会主义参政党。回顾历史,我们不难找到这个党的特色:关注国是,关心民生;常于思考,高屋建瓴。比如在国家经济发展中,费孝通最早提出的"上海龙头"说,具有战略性和前瞻性。

2. 在实践中运用特色

以民进为例。众所周知,民进是以中小学教师为主体的政党。改革开放以来,它在解决教师待遇,提高教师社会地位上发挥独特的作用。特别是我国教师节的确立,民进积极推动,功不可没。

3. 用特色加强自身建设

以民盟为例。近年来民盟注重盟史研究,在此基础上建立了一百个传统教育基地,仅上海就有十二个,并以传统教育基地为依托,开展了"同舟之旅"、民盟传统教育基地城市定向赛等系列活动,来自全国各地的数以千计的盟员参加了上述活动,对全盟乃至其他党派产生积极影响。

信念的坚守与历史的选择
——《民盟朗读者》导演本

第一章 我是永远不会轻易让步,随便退却的

叙述甲: 1945 年夏天,在国民党拒绝中共提出并得到民盟积极呼应的联合政府的主张后,中国处在向何处去的关头。7 月 1 日,民盟中央常委黄炎培、左舜生、章伯钧,中央委员冷遹和褚福成、傅斯年一起访问延安。他们与毛泽东、周恩来、朱德、刘少奇会谈,达成两点共识:(1)国民大会停止进行;(2)从速召开政治会议。

叙述乙: 这个政治会议,就是 1946 年 1 月在重庆召开的政治协商会议。会议期间,民盟与中共亲密合作,给罗隆基留下了终身难忘的记忆。1961 年,已是"破帽遮颜过闹市"的罗隆基在《从参加旧政协到参加南京和谈的一些回忆》中动情地写道:

罗隆基: 我当时的确钦佩共产党王若飞代表,是政治斗争中一员杰出的能将。在小组讨论时,他攻的时候总是勇猛,他守的时候真是坚强。我当时颇为诧异,他对我们日常所教的那

些资产阶级宪法学和比较政治中某些名词,亦搞得烂熟。当他依据原则坚持条文中某句话或某几个字的时候,上午是这样,下午还是这样;今天是这样,明天还是这样。寸步不移,寸土不让。在每次开会前,他总要把对当天会议的战略战术向我分析一番。

他每次谈完话后,总要向我叮咛几句:"你不要随便退却,轻易让步啊。"我总笑着说:"王司令官,你放心,我不会轻易让步,随便退却。"他是个身肥体壮,乐观好笑,和蔼可亲的人。等到我答完他那几句话后,他总在我肩上拍几下,笑着同我一块进小组会议室。共同开了二十几天的会,我们两人合作得很好,私人亦成了相当好的朋友。我回忆到那年四月八日王若飞代表从重庆乘飞机回延安而中途飞机失事遇难的往事,他在临行前还给我通过一次告别的电话,他在电话中最后又笑着说:"你不要轻易让步,随便退却哟!"我当时在电话中亦照样笑着回答他说:"王司令官,你安心回去吧,我不会轻易让步,随便退却。"不幸,我这几句话却成了我同王若飞代表永别的诀别语。

后来四月十九日在重庆举行王若飞先生等追悼会的时候,我代表民主同盟在会上致悼词,我以手恭指着王若飞先生的遗像,用严肃、坚决而沉痛的语言,再一次地说了这样几句话:"王若飞先生,你安心去罢! 对争和平,争民主,我是永远不会轻易让步,随便退却的!"当时到会的许多人听到了王若飞先生生前对我叮嘱的这几句话的时候,在肃穆静寂的追悼会中,受到了很大的感动,予以长时间的掌声。我今天回忆往事,追念故友,犹有余忱。

第二章　我能够过那种生活，是我的幸福

叙述乙：就在全国人民欢庆政协成功之际，国民党反动势力摩拳擦掌，开始了破坏行动。1946 年 2 月 10 日，重庆各界在较场口庆祝政协成功大会，国民党暴徒冲击会场，将大会总指挥李公朴打成重伤。李公朴躺在床上，抚摸伤痕，愤然写下这样的文字：

李公朴：中国是四千多年来封建力量盘踞蕃殖的大窝巢，我从来都坚信中国革命是一个长期的艰苦的血肉斗争。其实一谈到革命，是没有不流血的，要说有一个什么和平革命，我想不是在这革命之前流了许多血，就是以后还有明明暗暗的依然要流不少血。我流的血不过几百 CC，只是血海中的几滴而已，这算得了什么呢？为了民主的胜利，为了中国的前途，只要能够团结起更多的人来为民主中国而奋斗，死又何足惜！

合　诵：（低沉地）为了民主的胜利，为了中国的前途，只要能够团结起更多的人来为民主中国而奋斗，死又何足惜！

叙述甲：较场口血迹未干，死里逃生的李公朴又倒在了昆明街头。于是，我们看到了那个不怕死的闻一多，听到了他在特务喧嚣声中发出了吼声：

闻一多：这几天，大家晓得，在昆明出现了历史上最卑劣最无耻的事情！李先生究竟犯了什么罪，竟遭此毒手？他只不过用笔写写文章，用嘴说说话，而他所写的，所说的，都无非是一个没有失掉良心的中国人的话！大家都有一枝笔，有一张嘴，有什么理由拿出来讲啊！有事实拿出来说啊！（闻先生声音激动了）为什么要打要杀，而且又不敢光明正大的来打来杀，而偷偷摸摸的来暗杀！

（鼓掌）这成什么话？（鼓掌）

今天，这里有没有特务？你站出来！是好汉的站出来！你出来讲！凭什么要杀死李先生？（厉声，热烈的鼓掌）杀死了人，又不敢承认，还要诬蔑人，说什么"桃色事件"，说什么共产党杀共产党，无耻啊！无耻啊！（热烈的鼓掌）这是某集团的无耻，恰是李先生的光荣！李先生在昆明被暗杀，是李先生留给昆明的光荣！也是昆明人的光荣！（鼓掌）

去年"一二·一"昆明青年学生为了反对内战，遭受屠杀，那算是青年的一代献出了他们最宝贵的生命！现在李先生为了争取民主和平而遭受了反动派的暗杀，我们骄傲一点说，这算是像我这样大年纪的一代，我们的老战友，献出了最宝贵的生命！这两桩事发生在昆明，这算是昆明无限的光荣！（热烈的鼓掌）

反动派暗杀李先生的消息传出以后，大家听了都悲愤痛恨。我心里想，这些无耻的东西，不知他们是怎么想法，他们的心理是什么状态，他们的心怎样长的！（捶击桌子）其实简单，他们这样疯狂的来制造恐怖，正是他们自己在慌啊！在害怕啊！所以他们制造恐怖，其实是他们自己在恐怖啊！特务们，你们想想，你们还有几天？你们完了，快完了！你们以为打伤几个，杀死几个就可以了事，就可以把人民吓倒了吗？其实广大的人民是打不尽的，杀不完的！要是这样可以的话，世界上早没有人了。

你们杀死一个李公朴，会有千百万个李公朴站起来！你们将失去千百万的人民！你们看着我们人少，没有力量？告诉我们，我们的力量大得很，强得很！看今天来的这些人都是我们的人，都是我们的力量！此外还有广大的市民！我们有这个信心：人民的力量是要胜利的，真理是永远是要胜利的，真理是永远存在的。历史上没有一个反人民的势力不被人民毁灭的！希特勒，墨索里尼，不都在人民之前倒下去了吗？翻开历史看看，你们还站得住几天！你们完了，快了！快完了！我们的光明就要出现了。我们看，光明就在我们眼前，而现在正是黎明之前那个最黑暗的时候。我们有力量打破这个黑暗，争到光明！我们光明，恰是反动派的末日！（热烈的鼓掌）

现在司徒雷登出任美国驻华大使，司徒雷登是中国人民的朋友，是教育家，他生长在中国，受的是美国教育。他住在中国的时间比住在美国的时间长，他就如一个中国的留学生一样，从前在北平时，也常见面。他是一位和蔼可亲的学者，是真正知道中国人民的要求的，这不是说司徒雷登有三头六臂，能替中国人民解决一切，而是说美国人民的舆论抬头，美国才有这转变。

李先生的血不会白流的！李先生赔上了这条性命，我们要换来一个代价。"一二·一"四烈士倒下了，年轻的战士们的血换来了政治协商会议的召开；现在李先生倒下了，他的血要换取政协会议的重开！（热烈的鼓掌）我们有这个信心！（鼓掌）

"一二·一"是昆明的光荣，是云南人民的光荣。云南有光荣的历史，远的如护国，这不用说了，近的如"一二·一"，都属于云南人民的。我们要发扬云南光荣的历史！（听众表示接受）

反动派挑拨离间，卑鄙无耻，你们看见联大走了，学生放暑假了，便以为我们没有力量了吗？特务们！你们看见今天到会的一千多青年，又握起手来了，我们昆明的青年决不会让你们这样蛮横下去的！

反动派，你看见一个倒下去，可也看得见千百个继起的！

正义是杀不完的，因为真理永远存在！（鼓掌）

历史赋予昆明的任务是争取民主和平,我们昆明的青年必须完成这任务!

我们不怕死,我们有牺牲的精神!我们随时像李先生一样,前脚跨出大门,后脚就不准备再跨进大门!(长时间的鼓掌)

合　诵:(激昂地)我们不怕死,我们有牺牲的精神,我们随时像李先生一样,前脚跨出大门,后脚就不准备再跨进大门!

叙述乙:就在这个演讲结束以后,就在距离家门不到10米的地方,闻一多永远地倒在他热爱的祖国大地上。

叙述甲:李闻惨案震惊中外。在上海,人们听说了陶行知为黑榜探花的传闻。陶行知悲愤交加。在给重庆育才师生的信中,他留下了如此感人的文字:

陶行知:公朴去了,昨今两天有两方面向我报告不好的消息。如果消息确实,我会很快地结束我的生命。深信我的生活结束不是育才学校和生活教育社之结束,我提议为民主死一个就要加紧感召一万个人来顶补,这样死了一百个就是一百万人,死了一千个就是一千万人,死了一万个就是一万万人。肯为民主牺牲,而中华民族才活得下去。我们现在第一要事是感召一万位民主战士来补偿李公朴先生之不可补偿之损失,只有这样,才是真正的追悼。

叙述乙:7月18日,一袭长衫,水晶眼镜,圆口布鞋的梁漱溟出现在南京新闻发布会上,面对记者,他一腔怒火,掷地有声地说:

梁漱溟:刺杀李公朴、闻一多先生是特务所为。李、闻两先生都是文化人、学者,手无寸铁,除了言论号召外,无其他活动。假如这样的人都要斩尽杀绝,请早收起实行民主的话,不要再说,不要以此欺骗国人。我个人极想退出现实政治,致力文化工作。但是,像今天这样,我都无法退出了。我要连喊一百声取消特务!我倒要看看国民党特务能不能把要求民主的人都杀光。特务们,你们有第三颗子弹吗? 我在这里等着它!

　　叙述甲: 李闻是民盟最亮丽的名片,他们用生命和热血赢得中国人民的尊敬,让千千万万个民主同盟盟员留下了刻骨铭心的记忆。1989 年 12 月,五十年代曾任民盟市委副主委兼秘书长的陈仁炳,出现在中共市委统战部和民盟市委共同为他举办的八十寿辰座谈会上,在得知自己右派性质不能改变的情况下,这位风烛残年的老人,用尽生命最后的气力,述说了一段感人肺腑的话语:

　　陈仁炳: 民盟给了我第二次政治生命,在民盟的教育下我确定了我的政治方向。从 1945 到 1949,在党和民盟的指引下,我精神百倍地往前迈进,在争民主反内战的道路上做了些我应该做的工作。战斗的需要叫我不能计较个人的安危,在这几年里,我一刻也没有忘记李公朴、闻一多,我不能有愧于他俩的名字。1949 年 4 月 17 日,当尚丁由黄竞武同志的通风报信,叫我即刻转移。我转移到南京,但黄竞武自己却被逮捕活埋。因此,在和蒋介石斗争的岁月里,做民主工作是一种九死一生的工作。我作为一个盟员,生活在那个境界里,民主第一,战斗第一,生死是小事,我能够过那种生活,至今回忆起来,觉得是我的幸福,如果那时结束了我的生命,我是不后悔的!

　　合　诵: (深情地)我作为一个盟员,生活在那个境界里,民主第一,战斗第一,生死是小事,我能够过那种生活,至今回忆起来,觉得是我的幸福,如果那时结束了我的生命,我是不后悔的!

第三章　黄花心事有谁知,傲尽风霜两鬓丝

　　叙述乙: 如果说政协决议是民盟的政治生命,那么在李公朴、

闻一多血染昆明之后,作出绝不参加国民党一手包办的国民大会的决定,是民盟必然的选择。然而,蒋介石不顾民盟和中共的反对,悍然召开了国民大会。在他的威逼利诱之下,民社党步青年党的后尘,粉墨登场,参加了这个国民大会。民盟再度分裂。危急关头,一个伟岸的身影出现在上海——张澜来了！一位诗人用这样的文字称颂道:

合　诵:(从分诵到合诵)

欢声动处掌如雷,南极星辉海上来。

赤手撑持民是主,青春活泼老犹孩。

踏将闻李自由血,扫尽墨希未死灰。

万众一心争效命,强权终仗我公摧。

叙述甲: 1947 年 1 月,年逾古稀的张澜信步走进了愚园路1320 号,在民盟一届二中全会开幕式上,一口川腔,声如洪钟:

张　澜: 各位同志:我们的二中全会在很久以前就决定要召开,以种种原因,迁延到今天才开幕,距第一次临时全国代表大会已是整整一年又三个月了。在这一年又三个月中,中国的形势变迁非常之大,全中国人民痛苦到了极点。以往我们"政治民主化,军队国家化"的主张,曾一度在政治协商会议中,争到了若干的成就,如果政协决议逐步实现,本可奠定一个民主的初基,不幸是转眼之间,都成泡影。就使得中国的事,愈来愈坏,各方对此都表示惋惜,这证明我们一向的主张是正确的,是全中国绝大多数人民所欢迎的。

人民是国家的主人,人民组织国家的唯一目的,只在谋全体人民的福利。所以在一个国家,倘使政治是一人或一部分人的专制独裁,经济是一人或一部分人的独享独占,就失去了民主的意义。

民主的政治经济，必定是全体人民的政治，全体人民的经济。这些话，是见于我们民国三十四年十月临时全国代表大会的政治报告中的。这就是我的同志们，所要努力争取实现的目标。在政治协商会议中，我们纲领上的这些主张，得着全国人民的支持。但直到今天，我们替人民所争得的自由民主这张"支票"，政府却未兑现。当权党仍是处于"超法律"地位。凭藉这种"超法律"的权力，就撕毁了政协决议，更片面的制定了所谓"宪法"，企图以"法治"之名来保"党治"之实，这是谁也知道的事。我们站在坚决拥护政协的立场，毅然拒绝了参加所谓"国大"。

因为我们所要的民主，是和平的、团结的、统一的真民主；而不是战争的、分裂的假民主。我们将为真的民主而继续努力。我们必须把握自己的独立性，无论从主张上说，从组织上说，我们首先要自己立得住脚。必须自己立得住，才会有人跟着走。不过，这并不是说，我们务要求异于人，而是说，我们不能随便抛了自己的主张，而随声附和，勉强从同，尤其重要的，我们决不可被人利诱、威胁以至于自己放弃了立场，只为一时苟且因应之计，而忽略长久远大之图。

叙述乙：1991 年，出席一届二中全会最年轻的民盟中央委员罗涵先回首往事，依然沉浸当年那种饱满的政治情绪之中：

罗涵先：民盟作为一个对历史、对人民负责的严肃政党，在处境十分艰难、形势十分严峻、环境十分险恶、任务十分紧迫的情况下，在沪召开了历史性的一届二中全会。作为这次全会的亲身参与者，我对这次会议不仅在思想上有过极大的震动，而且在感情上有过极大的奋发。原因在于这次会议的时机太特殊了，对民盟的未来太重要了，它所讨论的问题对国家对人民关系太重大了。所有与会的人都充分意识到它的重要性和将要产生的影响，所有参加的人都意识到了我们正在做一件十分严肃的事情，是在历史发展的重要时刻所做的重要决策。

分　诵：全会《政治报告》分析了形势，指出："中华民国三十五年是一个'谈判'年。中华民国整整一年的时间就耗费在这'和谈'二字上面，而我们民盟去年一年的大部分精力亦耗费在这'和谈'两字上面。所得到的结果是谈而未和。在过去一年中，不止国家没有民主，全国国民并且没有看见和平。这是国家极大的损失。"

分　诵：《报告》对已经失败的政协会议做出了历史评价。指出："民盟对政协会议，在开会以前，在开会期中，在开会以后，都曾用充分的诚意，极大的努力以争取成功。到今天回顾起来，政协会议是成功，而政协决议的执行是彻底的失败。""假使要确定一个政协决议被撕毁的纪念日期，那当然是十一月十五号，因为去年十一月十五号政府毅然决然举行国民大会开幕典礼。"

分　诵：《报告》满怀感情地说："不可否认，站在政团的立场，对国共两党的党争，民主同盟是个第三者，……但民盟既是个独立的政团，我们依据我们的政纲政策以争取国家和人民的福利，民盟对国事自然应该明是非、辨曲直。是非曲直之间就绝对没有中立的余地。民主同盟的目的是中国的民主，是中国的真民主。民主与反民主之间，真民主与假民主之间，就绝对没有中立的余地。这是我们民主同盟坚定不移的方针。"

分　诵：《报告》在分析国内状况时沉痛指出："今天中国老百姓活不下去，做不了人，这绝对不是过甚其词的渲染。我们今天只好承认语言文字绝对不能描写出来中国社会的痛苦、凄惨与悲哀……。中国通常有所谓'士农工商'各界。试问,今天哪一界的人,活得下去,做得了人?"公教人员"仰不足以事父母,俯不足以恤妻子。""寒无衣,饥无食,病无以医治,死亡无以葬埋。这是怎样的一个绝境?"在农村,"中央征兵征实,地方勒捐勒税,绑提壮丁,竭泽而渔;搜缴实物,杀鸡取卵。少而强者死战场,老而弱者填沟壑。年不荒而饥,岁无灾而馑。鬻卖妻子,买者无人,典田当地,受者无主。倾家则无家可倾,破产则无产可破。这又是何等的凄惨!"

分　诵:《报告》淋漓尽致地描绘了中国大地上哀鸿遍地、民不聊生的情景,表达了广大正直的中国知识分子对国民党反动派的强烈愤恨,义正词严,可昭日月。在今天,当我们回忆当年,奋笔疾书时,仍然不能不义愤填膺,心潮澎湃!

叙述甲:正如罗涵先所说:"二中全会以后,民盟在历史紧要关头的政治态度已昭然于天下,气急败坏的国民党反动派终于在1947年10月1日宣布民盟是'中共之附庸','参加叛乱,反对政府',10月27日,进一步冒天下之大不韪,悍然宣布民盟为非法团体。"

叙述乙:黄炎培临危受命,赴南京与国民党干涉。陈立夫傲慢地表示:宣布民盟非法是蒋介石直接下令的,民盟必须取缔,绝无回旋余地,并指令民盟方面发表由他起草,经国民党当局审定的《民盟总部解散公告》。心力憔悴的黄炎培赴玄武湖一游,写下了《玄武湖秋感三绝》:

合　诵:(从分诵到合诵)
黄花心事有谁知,傲尽风霜两鬓丝。
争羡湖园秋色好,万千凉叶正辞枝。

红黄设色补寒苔,点缀秋光枉费才。

毕竟冰霜谁耐得,青松园角后雕材。

那有秋纵怨弃遗,金风尽尔鼓寒漪。

谁从草际怜生意,百万虫儿绝命时。

叙述甲:1947 年 11 月 5 日,决定民盟命运的会议在永嘉路 321 弄 8 号,张澜卧室举行。在特务的喧嚣声中,会议最后决定以张澜主席个人名义,发表《民盟总部解散公告》。当叶笃义拖着沉重的脚步走下楼梯,把这个"城下之盟"交到记者手中时,他的眼里噙满了泪水。当晚,张澜彻夜不眠,在那间不到二十个平方米的卧室内踱来踱去。次日凌晨,他让叶笃义根据他的口述,拟写了一份个人申明:

张　澜:余迫不得已,忍痛于 11 月 6 日通告全体民主同盟盟员,停止政治活动,并宣告民盟总部解散。但我个人对国家之和平民主、统一团结之信念及为此而努力之决心,绝不变更。我希望以往之全体盟员,站在忠诚国民之立场,谨守法律范围,继续为国家之和平民主统一团结而努力,以求达到其目的。

叙述乙:11 月 5 日,黄炎培在《国讯》发表《我与民盟》。文章结尾有这样一段字:

黄炎培:一部大历史,信而见疑,忠而被谤者,不知凡几。民盟自我发之,自我收之,知我罪我,其惟春秋。

合　诵:(从分诵到合诵)一部大历史,信而见疑,忠而被谤者,不知凡几。民盟自我发之,自我收之,知我罪我,其惟春秋。

黄炎培:我只平心静气地问一句:请大家公正检讨民盟从创始到结束,前前后后所有文件,曾有一字一句,能以构成危害国家颠覆政府的罪行者否?

叙述甲：看到民盟总部解散公告,陈立夫笑了。但他的高兴未免太早。1948 年 1 月,民盟在香港召开了一届三中全会,沈钧儒、章伯钧等在港民盟中委向世人宣布:

合　诵：(从分诵到合诵)我们代表本盟全体盟员一致否认南京反动独裁政府内政部发言人,于民国三十六年十月二十七日宣布本盟为"非法团体"之无理而又狂妄的举动,我们认为南京发动独裁政府对于本盟合法地位的取消,是根本违法的,即依照他们自己的"法律程序",亦未经过所谓"国务会议"与"行政院"正式公布解散的命令,而仅由所谓内政部发言人口头发表声明。此种行为,益足以证明其坚持独裁专制而已。

同人等兹依遵本盟组织规定程序,召开本届全会,恢复领导机构,决定继续奋斗方针,谨更向全世界全中国人民郑重声明:

中国民主同盟从成立第一天起,就一贯的站在忠实人民的立场上,代表全中国人民为争取真正的民主、和平、独立、统一而奋斗。南京反动独裁政府,撕毁政协决议,召开伪国大,制造伪宪法,以武力屠杀中国人民,出卖民族利益,早已成为全国人民的公敌,早已成为美国反动派侵略中国的工具。它在全中国人民面前已毫无发言的权利。

本盟在全中国人民中间已有其光荣历史与不可动摇的基础,中国人民需要它,中国人民拥护它,绝不是南京发动独裁政府所得消灭!

我同盟国内外全体十数万盟员,今后将更坚强的站起来,为彻底摧毁南京反动政府,为彻底实现民主、和平、独立、统一的新中国而奋斗到底!

三中全会吹响了民盟与中共并肩战斗,为建立一个民主、和平、独立、统一的新中国而奋斗的号角。

第四章　诸位不要害怕

叙述乙：1947 年 6 月 26 日,在上海交通大学广场上,在声援学生运动万人大会上,人们听到了史良那抑扬顿挫的声音:

史　良：诸位同学,你们是爱国者,爱国是无罪的。政府传讯你们是非法的。我查遍了世界各国的法典,行政官员是无权传讯公民的。吴国桢市长说要传讯你们,他首先发了恐吓罪;如果他真的传讯你们,他就犯了渎职罪,所以,你们不是被告,你们是原告。诸位不要害怕,我愿意做你们的义务律师,如果抓你们坐牢,我和你们一起去坐牢。我们要为爱国和伸张正义而斗争!

叙述甲：曾任民盟上海市支部组织部长的尚丁,在《生死渣滓洞》中,为我们描绘这样一幅壮烈的历史画面:

尚　丁：国民党反动派在逃离重庆的前夕,对渣滓洞、白公馆进行了疯狂的大屠杀,一夜之间,囚禁在渣滓洞、白公馆的几百位革命者被杀害了。重庆解放后,在渣滓洞、白公馆找到烈士遗体共 331 具。他们多数是共产党人,也有不少是党外的革命者,其中民盟盟员共 27 人。这 27 位民盟的烈士是:

分　诵：何雪松、刘国铦、蔡梦慰、程谦谋、邓惠中、成善谋、周从化、李惠明、沈迪群、胡作霖、张国维、张国雄、张孟晋、张泽浩、张守正、丁鹏武、李子伯、黄细亚、潘鸿志、陈鼎华、粟立森、章培毅、唐征久、黎又霖、青良、陈然、孙一心。

合　诵：这就是中国民主党派成员和共产党人同生共死,鲜血流在一起的历史见证。

尚　丁：在渣滓洞的"大屠杀"中被杀害的 27 位烈士,我知道其事迹的有十个同志。《红岩》小说里有位办《挺进报》的成岗,就是陈然烈士。

分　诵：陈然是北京人,1923 年出生,1945 年 9 月在重庆加入中国民主同盟。从此,他就以民盟盟员的身份团结进步青年,积极参加民主运动。在沧白堂进行的 11 次报告会,他每一次都参加了。1946 年 1 月 18 日的第六次报告会上,当王若飞同志作报告时,国民党特务五次向会场里扔石块,进行捣乱破坏。陈然同志挺身而出,在会场门前痛斥国民党特务的罪恶行径。特务一拥而上,诬指陈然同志是打手,把他打倒在地,腹部受重伤。

尚　丁：我是组织沧白堂报告会的"政治协商会议陪都各界协进会"的理事,就是在沧白堂的斗争中认识陈然同志的。陈然同志在斗争中思想境界迅速升华,不久就加入了中国共产党。1947 年 2 月底,党的《新华日报》被迫停刊,人们听不到党的声音了,这时,突然一张无名的油印刊物在进步人士面前出现了。这就是后来把国民党特务搞得心惊肉跳、日夜不安的《挺进报》。当时,他利用中国粮食公司机器厂代理厂长的身份为掩护,和刘国鋕、成善谋三人办了这张地下报纸。1948 年 4 月 22 日晚上,当他正在编印第 20 期《挺进报》时,由于叛徒的出卖,被国民党特务包围而被捕。和陈然一起办《挺进报》的民盟成员刘国鋕和成善谋也被捕。他们在渣滓洞受尽了种种酷刑,不但坚贞不屈,而且竟然在渣滓洞那个魔窟里,用一只铅笔头和香烟纸,继续编辑出版了他们的《挺进报》。

分　诵：刘国鋕,在《红岩》中叫刘思扬,四川泸州人,1922 年生,家里是四川的大富商,川帮银行界巨头刘航深是他的堂兄。刘家几十口人都在工商学界据有要津地位。刘国鋕曾在西南联大读书,1945 年到重庆,在施复亮主持的四川省银行经济研究所工作,后来还当过《商务日报》记者,1946 年初加入中国民主同盟,并参加"陪都青年联谊会"的活动。

尚　丁:我们是在这个青年组织的活动中认识的。他为创办《挺进报》筹集了资金,搞了电台,提供稿件,还协助出版发行。当民盟被宣布为"非法组织"后,他还为民盟重庆地下组织做了大量工作。刘国铉同志被捕后,他家里人找了不少国民党的要人设法营救他。国民党特务机关表示,只要刘国铉在报上登个悔过自新的启事就让他保释。刘国铉怒答:"我没有那样卑鄙无耻!"后来,他在川盐银行香港分行任总经理的六哥刘国琪,给特务徐远举送了一只纯金烟盒、一只名贵的金女表和其他重礼,得以安排他兄弟见面。徐远举假惺惺地说:"过去,我要你登报。现在,不要登报了。只要你签个字,就放你。"刘国铉斩钉截铁地回答说:"不行,不行,要我脱离共产党,办不到!"徐远举说:"你想坐一辈子牢吗?"刘国铉应道:"不! 坐到你们灭亡那天为止!"说罢,掉头而去。刘国铉囚禁到渣滓洞以后,叫家里给送香烟时,在香烟中装半截铅笔头。陈然就是用刘国铉给他的这半截铅笔头和源源不断提供的香烟纸,在渣滓洞办起了《挺进报》的。他还和几位被捕的中共领导人一起,教育争取了两名看守,并制定越狱计划。他还把嫂子送进来的一条红绸被面,和罗广斌等同志一起,做成了一面五星红旗。可惜他们的越狱计划未能实现,也在大屠杀中壮烈牺牲了。

分　诵:在《红岩》小说里,还有一位智勇双全,文武兼备的女英雄——大名鼎鼎、威风凛凛的"双枪老太婆",她就是民盟盟员邓惠中同志。邓惠中同志是四川岳池县人,1904 年生,在岳池县女子师范学校毕业后,担任小学教师。她于 1939 年加入中国共产党,

1946 年在岳池县加入了中国民主同盟。1947 年，组织安排她到川北学习军事技术，并委派她担任中共川东第八工作委员会书记，在华蓥山组织游击队，积极准备武装起义。

　　尚　丁：以后的斗争在《红岩》中已有详尽叙述。她是华蓥山游击队的组织者、培训者和指挥员，她成为敌人闻风丧胆的"双枪老太婆"。由于中共重庆市委书记、副书记刘国定和冉智的叛变出卖，华蓥山游击队被国民党重兵包围，终因敌众我寡，弹尽粮绝而失败。邓惠中突围后，潜匿在岳池城里的万寿宫中，又被刘鉴恒告密而被捕。她的两个儿子和一个女儿与媳妇也都被捕。邓惠中被捕后，受尽了几十种酷刑，但她毫不动摇。最后，和她的次子邓诚一起，在渣滓洞被杀害，时年 45 岁。

　　壮烈牺牲的盟员烈士，还有许多可歌可泣的英勇事迹，不能在这篇短文中尽述。

　　分　诵：丁鹏武烈士，受了十八种酷刑，两腿骨折断，但始终未招供一个字。

　　分　诵：蔡梦慰烈士，受尽敌人严刑拷打，始终坚贞不屈，在被押往渣滓洞外松林坡枪杀途中，他将包扎好的《黑牢诗篇》抛留在荒草丛中。

　　分　诵：黎又霖烈士，在国民党上层军政人士中有不少朋友和熟人，他做了大量的策反起义工作，瓦解敌人。他在被捕后遭严刑拷打，他只有一句话："没有什么可怕的，你们枪毙我吧！"

　　分　诵：胡作霖烈士，在狱中教唱革命歌曲，为叶挺的《囚歌》和《囚徒大合唱》谱曲，表现了高昂的革命斗志。

　　分　诵：何雪松，在渣滓洞黑牢中秘密组织了"铁窗诗社"，用诗歌为武器，诅咒黑暗，歌颂光明。当敌人在狱中进行集体大屠杀时，何雪松烈士勇敢无畏地扑向敌人枪口，掩护难友逃狱。

　　分　诵：程谦谋烈士是个戏剧工作者，在陈然等被捕而《挺进报》中断出版后，他和几个同志恢复出版了油印的《挺进报》。他被捕后拒不理发以示抗议，并在渣滓洞举办戏剧讲座，在狱中几次集体斗争中，他都站在前列，临危不惧，视死如归。

　　分　诵：周从化烈士是个军人，由于他作战勇猛，多谋善断，由士兵渐次升到师管区的中将司令，于 1944 年加入中国民主同盟。他积极参加民主运动，并在国民党上层军政人员中多方进行军运策反，争取了一批人投身于民主阵营。后又积极筹划武装起义，组建了自卫军，并担任自卫军司令，定于 1949 年 6 月 15 日在全川范围内实行武装暴动。计划终因周从化被捕而未能实现。刽子手对周从化用了各种惨无人道的毒刑，还在他被折磨得瘫痪的下肢钉上 14 斤重的大铁镣，囚禁在厕所里。他就以绝食抗议，正气浩然，最终在渣滓洞的大屠杀中遭杀害，时年 54 岁。

第五章　我们已经找到新路

　　叙述甲：毛泽东说过："成千成万的先烈，为着人民的利益，在我们的前头英勇地牺牲了，让我们高举起他们的旗帜，踏着他们的血迹前进吧！"

　　叙述乙：当新中国如旭日东升，冉冉升起。在北平，在民盟的一个集会上，黄炎培动情地说：诸位千万不要忘记李公朴、闻一多、陶行知、杜斌丞，民盟能有今天是他们用血换来的。

　　叙述甲：开国大典前夜，毛泽东夜不能寐，他想起四年前的那一个夏日，想起他和黄炎培就如何走出历史周期律的那一个对话：

黄炎培：我生六十余年，耳闻的不说，所亲眼见到的，真所谓"其兴也勃焉，其亡也忽焉"，一人，一家，一团体，一地方，乃至一国，不少单位都没有能跳出这周期率的支配力。大凡初时聚精会神，没有一事不用心，没有一人不卖力，也许那时艰难困苦，只有从万死中觅取一生。既而环境渐渐好转了，精神也就渐渐松懈了。有的因为历时长久，自然地惰性发作，由少数演为多数，到风气养成，虽有大力，无法扭转，并且无法补救。也有为了区域一步步扩大了，它的扩大，有的出于自然发展，有的为功业欲所驱使，强求发展，到干部人才渐见竭蹶，艰于应付的时候，环境倒越加复杂起来了，控制力不免趋于薄弱了。一部历史，"政怠宦成"的也有，"人亡政息"的也有，"求荣取辱"的也有。总之没有能跳出这周期率。中共诸君从过去到现在，我略略了解了的，就是希望找出一条新路，来跳出这个周期率的支配。

毛泽东：我们已经找到新路，我们能跳出这周期率。这条新路，就是民主。只有让人民来监督政府，政府才不敢松懈。只有人人起来负责，才不会人亡政息。

感怀篇

在如沐春风中传承

我们这一代,和读书没什么缘份。我进校门的第二年,"文化大革命"开始了。记得小学二年级刚开学,我和同学们拿着大一号的《毛主席语录》走上街头。接着当红小兵头头、红卫兵头头,写大字报、开会,忙的不亦乐乎。到了1976年春,人家想方设法回城,我却义无反顾地去农村,在江西南丰一个叫做直源的小山村插队两年。1977年恢复高考,我因读书太少没敢去,在工厂干了多年。

1985年上海各民主党派市委机关公开招聘干部,我参加了。在选择哪个党派时,我一眼看到了李公朴、闻一多的名字,于是踏进了民盟市委机关的大门。我进机关时,恰逢上海民盟组织成立四十周年。我被安排从一堆发黄的《上海盟讯》中摘录上海民盟大事记。这个工作很枯燥,好在我对历史有兴趣。编完大事记,看到我摘录的内容被编进由大名鼎鼎的苏步青题写的《纪念上海民盟四十周年》,我有一种成就感。很快,我又被安排在民盟文史资料委员会担任秘书。刚接手时,文史资料委员会主任是中国新闻界泰斗,《文汇报》创始人徐铸成先生。铸老家住江宁路,距民盟市委很近,我去过多次。用今天的标准看,装修很一般,墙上的字画我大多忘记了,只有洪荒画的戴贝雷帽的铸老形象留存至今。记得他指点文字,一数中国新闻界名流,对所谓"大家"不以为然。听着他的妙语,我眼前出现了他为《上海民盟》撰写的文章,尤其是回忆上海民盟创始人,著名马克思主义经济学家沈志远时感情充沛,满纸生辉。不久,民盟文史资料委员会换届了,主任是被夏衍誉为抗战时期三位著名左翼战地记者,与范长江齐名的陆诒。初识陆公,前额突出,面色红润,活脱脱一个画中寿翁。上任伊始,他一个电话把我叫进了家门。在楚图南亲笔撰写的条幅下,陆公一脸慈祥,交代完工作,和我们拉起了家常。末了,他认真地说:"你还年轻,我这个老记者送你'四个勤':脚勤、手勤、笔勤、脑勤。"怀着对陆公的敬意,我开始了"四勤"。

那些年,我读了《全国文史资料选辑》、《上海文史资料选辑》、《中国民主同盟历史文献》、《毛泽东年谱》、《周恩来年谱》、《沈钧儒年谱》、《七君子传》、《黄炎培》、《中国民主党派史》、《中国民主同盟简史》等书籍,写了大量读书笔记。走访了苏步青、谈家桢、谷超豪、赵超构、冯亦代、王亚夫、薛耕新、笪移今、寿进文、陈仁炳、冯英子、徐中玉等十几人,电话采访了李正文、罗涵先、慕尚思、周小燕等,连来沪出席会议的民盟中央领导叶笃义、李文宜也没有放过,收集了大量史料,撰写了不少文章。渐渐地我发现自己有了变化,由"看热闹"转为"看门道"。比如那个叶永烈,他把满脑袋西方宪政的罗隆基写成了"党外布尔什维克"。还有谢泳,他编写了一本有关罗隆基的书,封面上的人竟成了原上海虹桥疗养院院长丁惠康。有个九三学社的创始人,在他的回忆录中信誓旦旦地说,他是民盟创立时期联络部的副部长。更有人石破天惊地宣布,当今中国有九个民主党派。于是,我的文章有考证,有观点,得到了一些专家的肯定。

日积月累，我的文章越来越多。2006 年，我把自己写的东西编辑成书，取名《追根寻源话民盟》。那一年正值民盟上海市级组织建立 60 周年，我承担了编辑《上海文史资料选辑（民盟专辑）》和画册《肝胆千秋》的任务，父亲是因大面积脑梗卧床不起，母亲身患绝症，女儿高考，可以说那一年是迄今为止我人生中最艰难的日子。更让我伤心的是，有人对我专心研究盟史表示不解，竟然指着我的鼻子说"你为什么老写死人？"我能坚持下来，除了兴趣，更重要的是民盟领导和同志们对我的关心。不久前，我写过一篇《寒冬里的温暖》，讲述了老领导翁曙冠先生对我的关心。一位与癌症拼搏了多年的盟员，让他的儿子来买我的书，说："100 元一本，一分不能少。"还有一位年过九旬的老盟员，迁居无锡，得知我出了书，寄来一千元，退还后，他又寄。复旦大学著名教授邹逸麟给我写了一封热情洋溢的信："这是一本介绍民盟历史的读物，全书以人系事，以史证事，以事辨史，每篇短小精干，多史实，无空话，少评论，娓娓道来，十分有趣。"他说："如果写给盟员看，我以为您这样的写法是最合适的，最有效的。"如今，我又出版了《聆听岁月的脚步》。不少盟员看了我的书，说你写的就是你作盟史报告时给我们讲的。我想，这就是邹逸麟先生信中所讲的"娓娓道来"吧。

1995 年春夏之交，应民盟科技总支邀请，我在陕西北路 186 号老宅那个铺着柚木地板的舞厅里，第一次尝试讲述民盟历史。一开始，照本宣科，效果一般。逐渐我在讲述中开始充分运用掌握的各种资料。记得十多年前，我到某区讲盟史，和我同去的还有一位社会主义学院的教授。那天，我运用了大量史料，把听众引向高潮，那位教授说："我学海波讲故事。"她的话让我明白了自己讲盟史的特点,就是讲故事。

以我多年的经验,讲故事要因时因地,比如各党派正在开展的"坚持和发展中国特色社会主义学习实践活动",我是宣讲团成员,讲什么呢? 我以民盟先贤张澜、黄炎培、沈钧儒、梁漱溟、费孝通等在不同时期与毛泽东、周恩来、邓小平、江泽民、胡锦涛、习近平等中共领导的交往为素材,讲他们与毛泽东思想的关系以及如何亲历和实践中国特色社会主义。没想到我的宣讲不仅受到了盟员的欢迎,而且让我走上了上海市委党校的讲台。十多年前,我去一个基层参加活动,有位高级教师在发言时,对中国共产党和民主党派的关系以及民主党派现状和作用颇有微词。活动结束前,主持会议的人让我发言,讲什么呢? 我想了想,讲了三个故事。周恩来是如何帮助梁漱溟创办《光明日报》的;毛泽东三抵"特园"与张澜促膝长谈;毛泽东在民盟一届四中全会讲《古城会》。参加那个活动的一位特级教师感叹地说:"你好像什么也没有讲,可实际上你什么都讲了。"

几年前去浙江,我讲了1958年1月5日,毛泽东用专机把周谷城、谈家桢、赵超构接到西湖刘庄彻夜长谈的故事。前年去贵州,我讲过黄炎培1943年9月11日在沈钧儒之子沈叔羊给其父做寿画的一幅画上写的七绝:"相传有客过茅台,酿酒池里洗脚来,是真是假我不管,天寒且饮两三杯。"上海解放60周年之际,浦东盟员来到川沙烈士陵园,站在民盟英烈、民盟上海市组织创始人之一黄炎培先生次子黄竞武烈士墓前,聆听我讲述黄竞武烈士牺牲的经过。当我讲到,黄竞武烈士对劝他离开上海的人说:都走了,谁来工作;当我讲到,上海解放后的第八天,人们在原保密局所在地挖出来的一堆尸体中找到耳鼻洞穿、手足残断、指甲俱脱的黄竞武时,在场盟员的眼里闪着晶莹的泪光。

2016 年 7 月 5 日,在昆明举行的纪念李公朴、闻一多殉难 70 周年大会上,我应邀作会议发言。其中谈到一点就是民盟了不起。之所以这么讲,基于以下两点:其一,历史证明,作为知识分子的政党,在中华民族面临两种命运抉择的风云中,民盟并不软弱,也没有动摇。正如毛泽东赞誉的那样,以李公朴、闻一多为代表的民盟英烈,在民族危难的关头"拍桌而起""横眉冷对国民党的手枪,宁可倒下去,不愿屈服""表现我们民族的英雄气概。"其二,如果说李公朴是民盟左翼的代表,那么闻一多呢? 一个曾经的"国家主义者"的信徒、"新月诗人",居然参加了民盟,并在民盟这个大家庭的影响下成为名垂千古的民主斗士。这说明了什么,说明了民盟的伟大,说明民盟具有强烈的吸引力和凝聚力,能够把优秀的知识分子团结起来,在中华民族两种命运的决战中,做出自觉接受中国共产党领导的历史选择,带领他们走向光明。

新中国成立前,上海是民盟活动的重地,几乎所有民盟中央领导都居住上海。1995 年 11 月民盟上海市委成立了青年委员会,主任就是今天的民盟上海市委主委郑惠强。次年春,我将自己的一个设想告诉他:能不能组织青委会成员,由他带队参观民盟先贤在沪活动旧址和故居。是年 4 月 26 日,三十余位青委会成员和部分民盟市委工作人员参观了张澜主席在沪故居、民盟一届二中全会旧址、民盟上海市支部筹委会成立旧址、上海虹桥疗养院旧址。事后,当时的民盟市委组织部部长董平告诉我,参加这次活动的一位盟员(现任长宁区司法局局长、民盟长宁区委主委)感慨地说:"在永嘉路张澜故居,当王海波讲到 1947 年 11 月 5 日那个决定民盟命运的会议结束后,叶笃义拿着陈立夫起草的《民盟总部解散公告》,

眼含热泪,迈着沉重的脚步走下楼梯,向楼底等候多时的记者交上这个城下之盟时,我们有一种身临其境的感觉。"这让我认定了这是对盟员进行传统教育的最佳方式。也就是从那一刻起,我有了一个新的想法:给这些老房子挂牌,把它们保护起来。当我把这个设想告诉给当时的民盟市委秘书长马克烈时,他拍手称好。很快他向上海市政协提交了《关于为张澜在沪故居挂牌的建议》。几经周折,未能如愿。2002 年,经人提示,我在淮海中路淮海坊看到了落款"卢湾区旅游局"的"巴金寓所"的牌子。次年春,我以民盟徐汇区委的名义撰写了为张澜故居挂牌的建议。是年底,民盟市委与徐汇区政府合作,在张澜故居举行了挂牌仪式。2007 年换届以后,郑惠强主委提出,应该在充分挖掘上海盟史资料的基础上建立民盟传统教育基地。从 2008 年 4 月起,我们先后建立了八个民盟传统教育基地。蒋树声、张宝文、陈晓光、李重庵、索丽生等民盟中央领导专程来沪出席仪式。其中印象最深的便是 2011 年 4 月 27 日,蒋树声主席来沪参加纪念民盟成立 70 周年活动,当他走进民盟一届二中全会旧址参观时那种凝重沉思的表情。他说:"老房子是有精神的。"

我在民盟已经工作了二十九年。要说成绩,最大的就是组织同舟之旅和建立传统教育基地。2009 年 10 月 13 日,李重庵副主席专程来沪视察上海的民盟传统教育基地。他问我:"你是怎么把牌子挂到老房子上去的。"我把上海的做法说了。李主席说你写篇文章。后来我那文章在民盟中央网站发了。如今,民盟传统教育基地在全国遍地开花。回首 2009 年那一个秋日,我百感交集。

说实话,在民盟工作的这些年,我有过困惑、痛苦,甚至产生过离开或走"捷径"的念头,但最终都咬牙挺过来了。我常对青年朋友说:"我有 65 岁的头发,60 岁的面容,30 岁的心脏,20 岁的激情。"正因如此,我对自己从事的工作乐此不疲,不知老之将至。如果各位不讨厌我对自己经历介绍的话,那就让我们携起手来,在民盟先贤缔造的精神花园里培土浇灌,为社会保留一片道德净土。

我和《上海盟讯》

　　《上海盟讯》是上海民盟的机关报,创刊于 1949 年 7 月 2 日,是上海解放后最早创办的四家报纸之一,也是全国各民主党派省级组织最早创办的报纸。当时它的地址就在今天南京西路 860 弄 1号上海评弹团,那个地方抗战胜利后曾有一家名为"南海花园"的饭店,老板是民盟盟员谢仿林、肖秉钺,1946 年春上海民盟市支部筹备委员会在此设立办事处,上海解放后又成为民盟上海市支部(1955 年改称民盟上海市委)办公楼。据《上海盟讯》最早的编辑龚方震先生说,第一期盟讯是由罗涵先先生主编的。"文化大革命"时期停刊,1980 年复刊。

　　我和《上海盟讯》的缘份始于 1986 年。那年 1 月 7 日我正式在民盟市委上班。当时的民盟市委在今天上海民主党派大厦旁的荣宅,我所在的宣传部在荣宅假四层,那个层面说穿了就是佣人住的地方,与其他层面的奢华毫无关系。在朝东那间冬冷夏热的办公室里,我奉命从墙角一堆发黄的《上海盟讯》上摘抄上海民盟大事记,从此便与《上海盟讯》有了不解之缘。

　　那个时候宣传部长是尚丁,他是上海辞书出版社编审,民盟市委常委(后为副主委),宣传部主持工作的是副部长吴衡昌,他对《上海盟讯》只问大方向,不管细节,负责编辑的是新中国成立前夕参加革命享受离休待遇的朱长青老师。朱老师编好盟讯,我便匆匆前往中山北路靠近武宁路尚丁住所。尚丁当过黄炎培秘书,担任过《展望》杂志主编,文字功底好生了得,每次审阅盟讯稿件很会留下许多批注。当时宣传部参与盟讯编辑的还有两人,一个是后来的民盟市委副主委方荣,另一个是我的前任周自翔。方主委当年采访过不少名人,其中有的被《新华文摘》录用。老周也是采访好手,字里行间,文采飞扬。

那时主持民盟市委工作的是翁曙冠先生。来民盟市委前,他当过三十多年上海敬业中学校长,还担任过市教育局副局长。翁老很少过问《上海盟讯》,虽然他从不缺席盟讯的重要活动,偶尔拿一二封盟员寄给他的文稿,一脸谦逊地说:你们看能不能用。印象中这些稿件几乎没有被采用过。我以为如以儒道论,翁老属道,无为而治,当时我有点不以为然,回头看,翁老是高手。

我着手编辑《上海盟讯》是在 1994 年。当时江景波先生从同济大学校长位置上退下来不久,翁曙冠先生因病住院,请江先生暂时主持民盟市委工作,《上海盟讯》扩版由小报变大报就是他的决定。我开始编辑盟讯三版时,总觉得稿源不够。虽说民盟是个知识分子的党,舞文弄墨大有人在,但能用的文稿不多。于是我便学起了邹韬奋,自己写稿。那个时候我对盟史着迷,试着写一些文章在盟讯三版发表,并给自己弄了个“时鸣”的笔名。上个世纪九十年末的一天,曾经主编过第一期《上海盟讯》的民盟中央副主席罗涵先打来电话,问时鸣是谁? 听我回答后说:你是个文史专家嘛! 更让我欣慰的是,他对《上海盟讯》评价很高,还说他几个月没收到，在电话中告诉我他家的门牌号码和邮政编码，再三叮嘱："一定要寄给我呀！"类似的还有曾经担任过民建中央副主席的黄大能，他是黄炎培先生第四个儿子。

2007年换届后不久，我被调到新设立的研究室，名正言顺地搞起了盟史研究，当然还有参政党理论研究。就在我干得风生水起时，当时的宣传部长周自翔退休了，领导又把我调回了宣传部。和五年前不同，我对《上海盟讯》有了整体设想和规划，特别是第一版，以为在报道重要盟务的同时应该反映普通盟员的闪光点，其他版面则"留旧创新"。坦率地说，我的设想不算成功。谋事在人，成事在天，要真正做到才尽其用还有个才逢其时的前提。好在有多年工作和思考的积累，特别是在研究室的五年，打下了比较深厚的底子，让《上海盟讯》不乏亮点，稿源也算丰富。就说我编过的第三版吧，每年一次的文化论坛和几个研讨会，不仅丰富了稿源，而且特色鲜明，比如"抗战烽火中的民盟"、"民盟与旧政协"，在全盟都是独一无二的。

回顾我和《上海盟讯》的缘份，我以为编辑第三版的十四年最值得珍藏。它让我对盟史的研究有了展示平台；它让我对盟讯的设想有了发挥的舞台。民盟老报人对我的工作是肯定的。比如周修睦，他曾经撰文说：《上海盟讯》三、四版与国内各大报相比并不逊色，有时更高雅一些。

在结束这篇文章时，我想起了一位盟友，她老爹是个医术精湛的盟员，他评价一个人讲"三有"：有情、有料、有胆。我以为"三有"也可以用来评价民盟的办报人：有情才能全身心地投入工作，有料才能把盟讯办得有声有色，有胆才能成为一个真正的报人。当下，有料有情的民盟办报人不少，但是真正有胆有识的风毛麟角。

给我启蒙的一本书

眼前的这本书看似平常,洁白的封面上隐者一行烫金的文字——《纪念上海民盟四十周年》,这字迹出自苏步青之手,其端庄秀丽,让我等经历过"文化大革命"运动的后生晚辈为之羞愧。

翻开书页,岁月墨迹映入眼帘,恍然间,一个个已经逝去的名字化作鲜活的形象,栩栩如生向我走来……

1986年初,二十八岁的我怀着好奇而又喜悦的心情走进民盟市委机关的大门,主持宣传部工作的吴衡昌副部长指着一堆发黄的《上海盟讯》,叮嘱我摘抄上海民盟大事记。当时的民盟上海市委地处陕西北路荣家老宅,洋房虽美,但宣传部所在的假四层冬天寒冷,夏似火炉。我至今对那台放在背后的落地电扇耿耿于怀,它把我的脖子都吹僵了。我还记得开编辑会议时,有人对尚丁执笔的反映上海解放前民盟在沪活动长文的标题"风雨如晦,鸡鸣不已"提出异议,最后决定标题保留,但文章开始那段对当时天气的描述被删除了。在看到尚丁这篇情真意切的文章前,我在荣家老宅208室听过他对民盟历史的讲述,特别是他抑扬顿挫地背诵周恩来亲笔撰写李公朴、闻一多的悼词,给我留下终身不忘的印象。

如今，只要一讲起上海解放前民盟在沪的活动，我的脑海首先跳出的便是尚丁这篇内容丰富感情充沛的长文。

今天的上海评弹团在抗战胜利之际是一家名为"南海花园"的饭店，因为参与《纪念上海民盟四十周年》编写，我与饭店老板肖秉钺成了忘年交。他为此书撰写的文章，为我们提供了民盟在沪早期活动的史料。2008年的秋天，我带几位新进机关的青年登门拜访，年近百岁的肖老以汉堡可乐款待，那返老还童的样子，至今仍历历在目。

我了解解放前颇有影响的上海民主教授联谊会，是从陈仁炳先生那篇"大教联简记"开始的。三年后，我有幸参与陈先生八十寿辰座谈会，成为他吴兴路高层那间客厅里的常客，听他用富有磁性的声音讲述过去，口中的咖啡香气里有一种淡淡的苦涩。

什么是春秋笔法，我从程应镠先生那篇"回忆大教联片段"中充分领教了。程先生曾在西南联大读书，和闻一多亦师亦友，笔墨之间，褒贬尽现。比如他写1949年初春，大教联在上海青年会的以先开会后聚餐的一次活动：当他和孙大雨一起步入餐厅，某位没有在会场上出现的名教授已经和夫人"样子非常安闲"地用餐了。寥寥数笔，把这位教授既参加了大教联活动，又回避了特务可能冲击会场的"高明"表现得淋漓尽致。

在参加《纪念上海民盟四十周年》编写工作以前，我对陈望道和民盟的关系知之甚少，时宜新的"我所知道的陈望老"为我答疑解惑。从时老的文章中我看到这位《共产党宣言》第一个中文全译本翻译者、第一位上海中共组织领导人的谦和。在我眼里，时宜新就是一位"如沐春风"的机关领导。他在南昌路的住宅，我去过多次。每次去，时老总是笑容可掬地以糕点饮品盛情招待。

因为编书,我认识了与范长江、孟秋江齐名的著名战地记者陆诒。他写的《民主战士陶行知》文笔朴实,叙述准确。1988 年春,随着民盟上海市第九次代表大会的召开,新一届专门委员会面貌一新。我被安排在文史资料委员会当秘书,成了陆公手下的一个小兵。他面命耳提,教我"四勤":脚勤、手勤、笔勤、脑勤,让我受益终生。

收入《纪念上海民盟四十周年》一书的民盟英烈让我震撼:黄竞武受尽酷刑,手足残断,指甲俱脱,宁死不屈;曾伟在狱中读书唱歌,鼓励难友:"我们牺牲了,后面还有许多人会接着来的";赵寿先拒绝招供,纵身跳楼,自杀殉难;林绍禹坚贞不屈,是"重庆号"起义中唯一牺牲的民盟英烈;汤圣贤秘密离沪,在解放天台县城的战士中,身先士卒,壮烈牺牲……三十年过去了,每每重温英烈的事迹,我的眼里依然噙满了泪水。

《纪念上海民盟四十周年》一书的前言,出自大名鼎鼎的新闻界泰斗徐铸成之手。在江宁路那间简朴的客厅里,我目睹徐铸老纵论新闻,傲骨铮铮。他那篇前言,不过六百五十个字,把民盟底蕴展现得淋漓尽致,尤其是结尾的那一段:"人总该有一点志气,一个党派也该有自己的精神面貌。时代已到了二十世纪八十年代的后期,我们伟大的祖国正走上革新、开放以赶上先进国家的历程,我们民主同盟的广大盟员,都有决心放下这历史包袱,挺起胸膛,走在历史的前列去。"

如果说民盟是一个宝库,《纪念上海民盟四十周年》便是帮助我打开这个宝库的钥匙;如果说民盟是一条河流,《纪念上海民盟四十周年》便是带领我驶向这条河流的小舟;如果说民盟是一座丰碑,《纪念上海民盟四十周年》便是指引我踏上这座丰碑的台阶。

瓜洲盟味

因"春风又绿江南岸",早就知道有个瓜洲古渡,1987 年 6 月初,民盟上海市委在这里举办"盟章学习研讨会"。我那时不到三十岁,作为工作人员参加了这个研讨会。

岁月流逝,仅凭记忆回想当年怕是靠不住的,好在我有当年的工作日记,保留着当时的印迹,比如研讨提纲:一、民盟是什么条件下产生的? 从历史发展过程找出它的内涵是什么? 如何理解共产党领导下的多党合作? 二、民主党派是不是政党? 它的性质是什么? 民盟是否应有独立的政治纲领? 三、新时期民主党派存在的意义、价值和作用是什么? 盟员应具有怎样的形象? 四、民盟如何保持与中共的一致? 一致在哪里? ⋯⋯从这个提纲中你能读出那个年代的朝气和锐气。在分组讨论时,参加这个研讨会最年轻的郑西海的发言令我印象深刻。他是上海人民出版社编辑,谈到代表民盟中央到会的叶笃义副主席的报告,郑一脸不屑:有教益,但没有多少鼓舞,咱们比过去差多了。讲到修改盟章,他快人快语:民盟过去是一个松散的联合体,解放前就不团结,应该把加强团结纪律写进去。和年轻气盛的晚辈不同,中国纺织大学(今东华大学)的范宝江教授老陈持重,不温不火地说:我以为只要能够为国家实实在在做些有益的事,就是发挥民盟作用了。年纪不轻的新民晚报编辑周异安说的更直白:咱们在民主监督、参政议政上作用不大,我看还是加强统战方面做点事吧。这话让海运学院(现名海事大学)的陈祥孙教授听得顺耳,老先生一脸慈祥地说:可以有所为,也可以有所不为嘛! 一旁的水产学院(现为海洋大学)副校长王克忠听不下去了:我们应该讲真话,做诤友!

终身难忘的那一个夏日

——写在纪念抗日战争胜利 70 周年之际

　　在纪念抗日战争胜利 70 周年的时候,我想起了二十年前的那一个夏天。1995 年 7 月 19 日,在宣传部领导的嘱咐下,我步履匆匆地走进市政协大楼会务室。那个时候,民盟市委还在北京西路860 号市政协大楼 18 层办公。那天,我预定的是江海厅,那可是当年市政协最大也最气派的会场,具体时间是 8 月 14 日的下午。一看这个时间你可能已经知道,应该是纪念抗战胜利 50 周年的会议。哪些人参加这个大会呢? 我拟了一个名单:民盟市委正副主委、秘书长、顾问、常委和市委委员,参加过抗战的老盟员,各高校、区县、直属组织负责人以及部分盟员。为了保证出席会议的人数,我和宣传部的同志提前一周,开信封、装通知,发了四百多份通知。谈家桢主委的讲话稿由我拟写,我提前三天交给了谈老。代表民盟在大会作主题讲话的是尚丁先生,他是当时的民盟市委副主委兼宣传部长。尚丁先生曾任黄炎培先生秘书,后来还担任过发行量达三十万份的《展望》周刊主编,出版过《黄炎培》、《芳草斜阳忆行踪》、《鸦雀有声》等著作。按说这么一篇几千字的文字,他信手拢来,可 8 月 1 日上午,我接到他的一个电话,索取主流媒体有关纪念抗日战争胜利 50 周年的文章,以及民盟与抗战相关的资料。

开会的那天,我早早出门,叫了一辆出租车去接民盟市委老领导寿进文、时宜新。至今,我仍然记得两位老人一路上的对话。寿老问:"你最近身体怎么样呀?"时老答:"噢,我早饭已经吃过了。"

那天的纪念大会开的隆重热烈。请看出席名单:谈家桢、江景波、徐鹏、尚丁、欧阳仁荣、罗小未、黄茂福、周芝石、沈立恭、马克烈,可以说,当时民盟市委领导几乎都来了。再看老同志,沈德滋、严灏景、蔡振华、寿进文、时宜新、顾世洧、施亚钧、哈琼文等,能来的也都来了。区县盟组织的主委,如金因及、徐方翟、倪映文、吴志高等也来了。让人眼睛一亮的是参加过抗战的著名记者、编辑,比如有被夏衍誉为抗战时期战地记者三杰之一、与范长江齐名的陆诒,有曾任《新民晚报》副总编的著名记者冯英子,有曾以编辑出版《第二次世界大战画史》、《中国抗战画史》闻名于世的复旦大学教授舒宗侨。他们三位和尚丁一起,在大会上作了精彩发言。那天在大会上发言的还有著名演员郑毓芝,她声情并茂地回忆父亲鹰击长空、为国捐躯的感人事迹。

那一天,85 岁高龄的陆诒激情四溢,把大会推向高潮。讲到一·二八事变,他动情地说:"当年,日寇突然进攻上海,闸北炮火纷飞,宝山路上的商印书馆编译所、印刷工厂和东方图书馆,被敌机投弹焚烧,烈火冲天,火光烛天,纸屑灰烬吹进租界。我决定走向前线,以战场为课堂,拜抗战军民为老师,从战争的实践中去学习,边学边干,学习、学习、再学习!"看着台上慷慨陈词的陆公,我的脑海中出现了夏衍回忆他的文字:"太平洋战争爆发之后,我从香港脱险归来,陆诒也从新加坡撤退到印度,翻过阿拉干山脉,再经峻险的滇缅公路,比我后两个月才到达重庆。我给他看了蔡楚生画的《黄坤逃难图》,他也和我讲了他'手执缅刀'擦过缅北战场,'挑了一条命'回来的惊险故事。这真是杜甫诗中所说的'世乱遭飘荡,生还偶然遂'的情景。"

谈家桢先生那天的讲话也给我留下了深刻的印象。在这篇文章的开头,我曾经讲过,我提前三日把讲话稿交给谈老。谈老一字不改,照稿宣读。可读着读着,老人家把稿朝桌上一放,深情地回忆起当年随浙江大学颠沛流离迁至贵州的经历,特别是在破旧不堪的唐家祠堂,在那盏昏暗的煤油灯下,孜孜不倦,夜以继日,终于取得瓢虫鞘翅色斑变异的镶嵌显性现象这一国际遗传学上的重大突破。据我所知,浙大当时所在地遵义湄潭,是个青山绿水的产茶区。两年前,我的好友送来两盒湄潭翠牙,品茶思人,我想起了谈老。

如今,那些曾经辉煌的身影几乎不在,那些令人激动的声音也已消逝。在纪念抗日战争胜利 70 周年之际,蓦然回首,二十年前的那个夏日历历在目:陆公双手握拳的讲述,舒宗侨举起他当年编撰的抗日画册时微微颤动的手臂,尚丁貌似平静的语调下汩汩流动的激情,谈老乡音不改的深情回忆……

都说往事如烟,但有些往事,刻骨铭心,终身难忘。

说说我和庞姐的缘份

　　1997年的一个冬日，我在自己编辑的《上海盟讯》三版刊登了何济翔先生写的《史量才与〈申报〉改革》。史量才这个名字我在黄炎培先生的日记里常常看到，尚丁先生写的黄炎培传记里，也有史量才聘用黄炎培任《申报》馆设计专员，黄又将陶行知、李公朴推荐给史量才的内容。何先生的文章刚一发表，我便收到庞荣棣的来稿，题目叫做《读"史量才与〈申报〉改革"有感》。我不认识庞荣棣，更不知道她是一位比我年长的大姐，但她的文章能和何济翔文章有个互动，岂不妙哉！于是，我将此文在下一期盟讯上发表了。很快，我接到庞姐打来的电话，之后又收到了她的来稿。庞姐的稿子用多了，有人说话了。我不以为然。一则庞姐文笔不错，文章写得好看；二则史量才有眼光，有骨气，是个大写的人；第三嘛史先生和民盟先贤黄炎培、陶行知、李公朴是朋友，交情很深。据庞姐统计，从1997年到2014年，她在盟讯上发表了16篇文章，说是我的功劳。其实，从2008年初到2012年，我不在民盟市委宣传部，这5年里庞姐在盟讯上发表的文章，不该记在我的功劳本上。

　　和庞姐熟悉以后，她多次请我吃饭，盛情难却，我去过两次。

第二次在打浦桥一家某某轩,环境雅致,菜品亦佳。庞姐邀请的来宾中有位定居澳大利亚的华人,长我几岁,同当地的名流交情不浅。我至今记得他讲的一则趣闻:一次中华人民共和国庆纪念活动,储安平先生的孙子当众献艺,激情洋溢地弹奏《黄河颂》,看着他如痴如醉的模样,台下那位张申府先生之孙感叹道:"你爷爷可是'生不见人,死不见尸'呀!"那天来宾里有一位民盟盟员,是某某出版社的。此人开口闭口称蒋介石"蒋公",大有相识恨晚之意。我瞥了他一眼,说:既然"蒋公"如此伟大,他老人家干啥跑到台湾这么一个小岛上去? 多年以后,在上海民盟十四次代表大会上,我与此人再次见面,旧事重提,他竟说"记不得"了,但他当年的一脸尴尬,栩栩如生,犹在眼前。

和庞姐交往的这些年,除了在《上海盟讯》发表她的文章,我还帮她干过几件事。比如前面提到的尚丁先生撰写的《黄炎培》,我将其中有关史量才与黄炎培、陶行知、李公朴交往的文字复印后交给她,还有华文出版社出版的《黄炎培日记》中有史量才在场的内容也快递给她。这些事,对我来说不过是举手之劳,可庞姐念念不忘,一再感谢。

回想起来,有一件事对不起庞姐:多年以前的一个秋日,庞姐不辞辛苦组织了一个讲座,主人是一位来自西子湖畔,以记述国民学界名流闻名遐迩的先生,地点在静安文化馆,距我单位很近。我婉言谢绝。为什么呢? 讲座主人虽博览群书,文笔亦佳,但他的见识大体与那位与"蒋公"相识恨晚的老弟相去不远。

屈指数来,我和庞姐相识已有十七个年头了,近闻庞姐打算将多年来有关史量才的文章汇集成册。

在此凑字成文,略表心意。

泡桐飘香思普陀

我是 1986 年进民盟市委工作的。两年以后,我由徐汇搬家至普陀,住在每年春天泡桐花盛开的子长路。

那个时候,我是盟市委宣传部的无名小卒。因为参与《上海盟讯》编辑工作,常去中山北路靠近武宁路一幢不起眼的楼房里,那里住着 1944 年入盟的尚丁先生,他曾是黄炎培先生的秘书,时任民盟市委副主委兼宣传部长。每每将盟讯稿送他审阅,他总一脸微笑让我在那间不大的客厅里坐一坐,对我不知深浅的提问,他总是耐心地回答。他的夫人孙文芝也是 1944 年入盟的老盟员,讲到上海解放前史良大姐送一百个鸡蛋给正在坐月子的她时,记忆清晰,声情并茂。如今尚丁已逝,孙大姐健在,普陀民盟年年慰问,情深意长。

就在那个时候,我也成了民盟普陀区委的常客。当时的主委是吴志高,人称"吴大炮"。我在市委会议上,多次被他的"炮声"震撼,但"大炮"对我挺温柔。一次我参加活动刚结束,正动身要走,老吴一把拉住我,把两包好吃的东西塞给了我。我自小不吃肥肉,一次去昆山,中午在昆山饭店吃饭,桌上有盆色泽鲜艳的酱汁肉,老吴一通"天花乱坠",竟让我吃了一块,从此我爱上了肥肉。最让我感动的是,在一次区县工作会议上,老吴以我在《联合时报》上发表的一篇长文为例,夸奖了我一番,还说你们可以让海波这样的青年到我们区里来嘛,让主持会议的某部长一脸尴尬。那个时候,我在机关一些人眼里是个"刺头"。

承蒙老吴看得起,我后来也算有了进步,先后任民盟市委研究室主任、宣传部长,应邀为普陀盟员作过几次报告。2011年夏天,我以"风雨同舟,同向同行"为题,为参加暑期培训的普陀民盟骨干讲了一课。

2013年1月23日,我在普陀区盟员大会上以民盟与中共合作的例子,讲了中国的协商民主,告诉大家这个看似时髦的东西早已有之。还讲了协商民主的环境,方式方法,特别强调作为参政党,当人家找你协商时,你得讲得出有用的东西。大概是讲得不错,普陀民盟的谷明先以"协商民主的艺术"为题写了一篇文章,说他先听某位专家讲协商民主,弄得一头雾水,我的报告"对盟中的协商民主一桩桩历史往事信手拈来,让人在阵阵笑声中接受了协商民主的真谛"。

2017年7月26日,我应邀为参加民盟暑期培训班的骨干作报告,考虑到参加培训的人将去上虞参观胡愈之故居,我以"胡愈之与民盟"为主题,介绍了胡老的生平事迹,特别是他晚年的反思。

除了作报告,我还参加过许多普陀民盟的活动,印象最深的是"纪念五一口号发布60周年"那一次。在秘书长王红的带领下,二十多位新入盟的青年人来到上海龙华烈士陵园,在李公朴、曾伟、赵寿先等八位英烈墓牌前,我讲述了民盟先烈的事迹。有盟员动情地说:过去虽然听说过"我们的血和共产党人的血流在一起"这句话,但从来没有像今天这样感动。从他们熠熠生辉的目光中,我看到了民盟的希望。

退休之际,我和普陀民盟又有了缘份。3 月 10 日,民盟普陀区委和民盟静安区委、民盟华东师大委员会以及综合二总支,携手为我举办了活动,当杜蕾用她富有魅力的声音朗诵我的诗作《讲述》时,我仿佛嗅到子长路上绽放的泡桐花香。

真的,我真的希望我和普陀民盟的缘份像门前路边的泡桐,年复一年,馥郁芬芳。

思绪如水忆黄浦

　　我和黄浦（包括卢湾）民盟挺有缘的，1986 年进民盟市委宣传部工作，常为学习委员会的老年组当秘书。这个老年学习几乎都是年过古稀的老盟员，其中家住皋兰路 12 弄 4 号的朱立波是个引人注目的老大姐。因为工作上的关系，她住的那幢小楼我常去，清茶一杯，听她讲过去的事，印象最深的是沈钧儒吃白米粽的故事。那是抗日战争胜利以后，朱大姐家便成了救国会经常活动的地方，他们以打麻将为掩护，有时朱大姐会用白米粽招待，年过七旬的沈钧儒一连吃了两只，说：白米粽子，白糖蘸蘸，好吃好吃。1996 年救国会成立 60 周年，陆诒、尚丁等救国会老人在朱大姐聚会，我又当了一回秘书。原以为身体硬朗的朱大姐可以长命百岁，不料一场风寒竟让这个活力四射的老大姐离开了我们。

　　当年这个老年学习组，还有一位当过陶行知先生秘书的翁维章。我常去他在北京东路的住处，很想从老先生肚皮里弄点鲜为人知的故事。记得头次登门是烈日炎炎的盛夏，翁老先生打开电扇，以西瓜招待。半个月过去了，老先生讲的都是书上的事，主持宣传部工作吴衡昌副部长问：你去了这么多天，有东西吗？就此打住。翁老先生对我"不辞而别"很不开心。

1995 年开始,我为盟员讲盟史,大概在 90 年代末,我去老卢湾讲过一次。

2008 年初,我由宣传部调到研究室,民盟领导关照说,尽快建立一支理论研究队伍,我采取两条脚走路的方式,一则由各方面推荐,二则从盟员资料库里发掘。于是来自黄浦区的青年盟员方研翔、周忆便为这支队伍里最年轻的成员。小方 1982 年出生,2009 年便以《社会主义核心价值体系中的民主党派信仰建设》闻名统战系统。2012 年成为民盟中央参政党理论研究中心最年轻的特邀研究员。

我在研究室除了组建研究队伍,还在全盟首次建立了民盟传统教育基地。2009 年 2 月初,卢湾民盟中青盟务工作组成员参观民盟传统教育基地。那是个寒风凛冽的冬日,我在民盟上海最早的办公地点(今上海评弹团)、史良律师事务所、张澜在沪寓所、虹桥疗养院旧址等地为他们讲述往事,也许过于投入,额头竟冒出汗珠。在随后召开的座谈会上,参观者发言踊跃,情感充沛。那次活动的组织者就是后来我在宣传部的同仁刘友梅,参加活动的商志刚如今已成了静安民盟专职秘书长。

我和黄浦民盟的合作在 2012 年算是高潮。那一年的教师节,闸北民盟和黄浦民盟携手发起"学陶·师陶"活动。这个"陶"就是民盟先贤陶行知先生。当时的闸北民盟主委王钢说:陶行知这个大旗,咱们不举谁举! 9 月 12 日,一百多位盟员在黄浦区图书馆集会,在聆听盟员代表激动四溢的发言后,一份由黄浦、闸北民盟共同提出的《致全体教师盟员的倡议书》发表了,从此"学陶·师陶"就成为上海民盟每年教师节的主题。

　　是年秋,民盟市委在天蟾舞台举办话剧《永远的陶行知》演出专场。当民盟市委领导把组织盟员观看的任务交给研究室时,距演出开始仅一周时间。我立刻动笔,撰写了邀请函,在网上推出,又通过电话与基层联系。10 月 20 日,九百余位盟员齐聚天蟾舞台,许多人拉着我的手说:海波老师,你那个邀请函写得太感人了,冲它,我们一定来。

　　在和黄浦民盟相关的活动中,最令难忘的是 2011 年 5 月的那一次"同舟之旅"。那年 3 月、5 月,我父母先后病逝,巨大的痛苦几乎让我神情恍惚。因为事前已与黄浦民盟约好,定于 5 月间组织新盟员参观民盟传统教育基地,考虑到通知已发,再改时间使活动流产,我强忍悲痛,为参加"同舟之旅"数十位新盟员讲解……活动结束,回到家中,面对父母遗像,我泪如泉涌,个中滋味,终身难忘。

　　这些年来,我有个想法,在不乏人才的黄浦民盟建一个理论与盟史研究分会,然而时至今日,这个想法依然是"空中楼阁"。每念至此,心有不甘。

那个讲老上海故事的人走了

　　5月16日的那一天，92岁的沈寂先生走了。回想和他交往的片段，思绪把我带回三十年前。

　　1986年是民盟上海市组织建立40周年，刚进机关的我被安排编写上海民盟大事记。和我一起干活的是个新中国成立前加入民盟的老同志，在经历了"反右"、"文革"运动以后，这位当年沪江大学的"学霸"已是风中秉烛，拖沓的节奏、颤栗的文字使工作过于缓慢。于是，部领导加快了对我的督促。由于埋头工作，对那些与大事记一起编入《纪念上海民盟四十周年》的名家之作无暇顾及。直到拿到那本由苏步青先生题词的《纪念上海民盟四十周年》时，才看到了三十年代上海影坛头牌小生顾也鲁先生撰写的《追忆"香港影学"活动》，也就是在那一刻，得知《大亨》作者沈寂是民盟盟员。

　　是年冬，民盟上影厂支部有过一次不同寻常的组织生活。说它不同寻常有两点：其一，高朋满座——民盟市委主委谈家桢，副主委兼秘书长翁曙冠，宣传部长尚丁，组织部长马克烈等领导都参加了；其二，"星"光灿烂——著名导演孙瑜、杨村彬、白沉、黄祖模等，著名演员刘琼、舒适、顾也鲁、程之、冯奇，著名编剧王林谷、沈

寂等悉数到场。一个支部的一次组织生活为何弄出这么大的动
静？这还得从1956年讲起。那一年民盟市委就电影状况组织召
开了五次座谈会。反右运动一开始，这五次座谈会便成了"向党进
攻"一大罪状，组织和参加座谈的多人成了右派分子。从此，民盟
在上影厂的"风光"不再。可以说，这一次组织是民盟在上影厂"起
死回生"的开始，可谓"柳暗花明又一村"。

　　沈寂先生是1956年12月25日申请加入民盟的，介绍人是著
名导演白沉、著名影星舒适，次年1月被批准入盟，不过几个月的
时间，便被打成右派分子。沈先生是我接触过的最"潇洒"的右派，
他一再讲他被扣上右派分子的帽子和民盟有关但"关系不大"。从
他入盟的时间看，他是反右时被批为民盟"恶性大发展"时期的产
物。反右时有人在《人民日报》上发表批评文章，说右派头目陈仁
炳在上影厂召开座谈会，讲偌大一个上影厂，只有区区三个盟员，
怎么能派用场？所以要大发展。作者还创作了一个说法，叫做"火
线入盟"。如此看来，沈寂先生应该是"火线入盟"的。沈先生对我
讲，他没有参加过那个"臭名"远扬的五次座谈会，可从他对我讲的
1957年春他参加民盟在复旦大学召开的那个"好的国产片为什么
这么少"座谈会看，他和五次座谈会还是有瓜葛的。据沈先生回
忆，1957年上影厂召开反右派总结大会，事先大家都知道上官云珠
是民盟九个右派之一。会议开始前，沈先生目睹上官脸色惨白，匆
匆而去。不料会上宣布的右派中没有上官的名字，而沈寂却成了9
位被宣布的民盟右派中的一个。三年前的一个冬日，他用平静的
语气告诉我："我头上的这顶右派分子帽子是替上官云珠戴的。"他
说原来上官是名单中的一个，可电影厂领导说，前几天毛泽东刚在
中苏友好大厦接见过她，她怎么能是右派呢？

　　2013 年 5 月 25 日,应云卫追思安葬仪式在青浦福寿园人文纪念公园举行,我参加了,还在仪式上讲了话。中午吃饭时,我和沈寂先生坐在一起,同桌还有一位电影界的前辈。我向这位前辈打招呼:您当年和白杨、张瑞芳、舒绣文都是民盟的,是重庆支部十四小组的。不料这位前辈连连摆手道:"我和民盟没什么关系。"她发颤的声音和夸张的举止,让我想起了"黑云乱翻"的年代。坐在身边的沈寂沉默不语,当我和他讲到中国现代会计创始人潘序伦 1957 年反右被开除盟籍,1962 年再次申请入盟的往事时,他笑道:"人和人是不一样的。"

　　沈寂先生的家,我去过几次。印象最深的是 2015 年春的那一次。因为是抗战胜利 70 周年,他跟我讲了 1941 年太平洋战争爆发后,他去江苏参加新四军,四个月后因身体虚弱被劝退回沪的经过。讲到 1943 年他被日本宪兵抓捕获释后回复旦大学补习学校上课时,他的语调有些激动:"教务主任不让我上课,这时李登辉校长来了,问怎么回事,教导主任在李校长耳边嘀咕了几句,大概是说我刚从日本宪兵队放出来。李校长用司的克(手杖)朝地下一顿,挥手让教导主任把他听课座椅拿过来放在我身边,说:'你就在门外旁听'。"

　　此刻,春雨绵绵,春色浓郁。这个用一生讲述老上海故事的人,仿佛就坐在眼前,从那娓娓的语调里,我看到了生命的火花……

想起了给孩子送去欢乐的盟员

在六一儿童节来临之际,我想起了几位给孩子们送去欢乐的民盟盟员。首屈一指的当推大名鼎鼎的陈伯吹先生。我1986年进民盟上海市委工作时,伯吹老已经年过八旬。大概那会儿民盟大家云集,我当时对这个身着洗得褪色中山装的和蔼老头并没有太在意。说来有趣,这个不起眼的老人当过不小的官——少年儿童出版社副社长、上海市作家协会副主席,还是第六届全国政协委员,但他最让人津津乐道的,一是他从十七岁创作《模范同学》,到九十岁在《人民文学》上发表《小薇游园记》,把七十年的岁月无怨无悔地献给了儿童文学事业;二是他晚年给后辈儿童文学作家撰写了一百八十六篇序文,出版了四本序文专集,放眼世界,前无古人;三是这个一生只喝白开水的简朴老人,1986年倾箱倒箧,拿出五万五千元设立了"儿童文学园丁奖"(后改名为"陈伯吹儿童文学奖")。回想起来,那个年代咱们民盟大家,几乎都有大学校长、报刊总编、出版社社长之类的"官衔",但言谈举止,绝无一丝一毫的官气。和他们相处,有如沐春风之感。

和伯吹老相比,陈燕华和蔡金萍算晚辈。那个我女儿她们记忆中能讲故事、会玩木偶的"燕子姐姐",曾在电影《邮缘》中出演女主角,相貌甜美,声音温柔,还是上海电台著名的儿童节目主持人。二十世纪八十年代末的一天,民盟市委组织部联系文艺界的刘重威老师,带着风姿绰约的"燕子姐姐",走进北京西路 860 号上海市政协大楼十八层(当时民盟市委所在地)。我至今还记得刘老师那一脸春风,他是一个把在文化艺术界发展民盟盟员视为生命的机关干部。然而,时隔不久,我便听到甜美温柔的"燕子姐姐"和华东师大青年才俊许子东喜结良缘的消息。很快,"燕子姐姐"又随一表人才的许子东漂洋过海,到美国加州大学洛杉矶分校陪读去了,还听说她在美国担任"飞跃太平洋"节目的主持人。后来又随丈夫到香港,在电台当了八年普通话新闻主播。如今,重返上海的"燕子姐姐"重操旧业,给孩子们讲起了故事。

我知道蔡金萍的名字,缘于一篇《蔡金萍和她的梦》,作者李涵1959 年春进中国福利会儿童艺术剧院学习表演。1965 年起先后在儿艺、上海市文化局从事文学编辑、戏剧评论。后任中福会儿童艺术剧院副院长,《儿童剧》杂志主编。印象中他出版过一本《儿童戏剧艺术的魅力》,其中就有《蔡金萍和她的梦》。1993 年秋,上海十四家剧场联手邀请部分省、市的儿童剧院来沪展演。展演期间,李涵作为《儿童剧》杂志主编,主持了"儿童剧与市场"研讨会。李涵是"爱国七君子"之一沙千里的外甥,我因编辑《上海盟讯》第三版与他相识。他给我写过一篇介绍沙千里的文章,文中最精彩的还是对沙老晚年的回忆。

蔡金萍比"燕子姐姐"小九岁。她是中共福利会儿童艺术剧院院长兼艺术总监,拿过梅花奖、全国儿童剧优秀表演奖,获得过"全国中青年德艺双馨文艺工作者"荣誉称号。作为儿童剧演员,她在舞台上光彩照人；作为中福会儿童剧院院长，她把儿艺经营得风生水起；作为民盟儿艺支部主委，她关心盟员，尤其是青年盟员。早在 1994 年，蔡金萍进京举办了"儿童剧青年演员蔡金萍专场"，成为中国戏剧史上第一个举办个人表演专场的青年演员。电影《泰坦尼克号》上映后，蔡金萍与编剧联手，别出心裁地让三只猫咪、四条狗狗和一群老鼠登上了"泰坦尼克号"，让孩子们在欢笑声中懂得了什么是忠心耿耿，什么是舍己为人，什么是临阵脱逃。更让我感动的是，作为政协委员，她九年磨一剑，终于使在上海消失了十七年的儿童艺术剧院起死回生。

都说民盟是一个有底蕴的政党，但凡你能够想到的领域，总能说出几位不凡人物。然而，兴奋之余，心有不安。那个当年风姿绰约"飞"进民盟的"燕子姐姐"，随着刘重威老师告老还乡，与民盟渐行渐远。几年前的一个冬日，我在陕西北路 128 号民主党派大厦十八楼，惊讶地听到"燕子姐姐"参加其他党派的消息，不禁扼腕……

我眼中的江景波先生

　　我和江先生的交往开始于 1994 年。对我来说，那是一个比较特殊的年头。在讲这个"特殊"以前，我想用八个字来描述当时的民盟机关：待遇不高，节奏缓慢。当时主持民盟市委工作的翁曙冠先生年过七旬，德高望重。每每开会，翁老总是语重心长地教育我们把民盟工作当事业，可听进去的人不多，混日子的现象比较普遍。举个例子，有位老兄几乎天天迟到，嘴里还嘟囔着："这种单位，每天来上班就不错了。"他边说边把外套往座椅靠背上一挂，一个转身，踪影全无。夕阳西下，他老兄满头大汗跑进办公室，手里还拎着鼓鼓囊囊的马夹袋。如此这般，让翁老放心不下。是年春，他因病住院，于是请来了从同济大学校长岗位退下不久的江景波先生。

　　讲完了民盟市委的状况，该说说我个人的特殊了。说特殊，有两个原因：第一，我是那一年八月加入民盟的；第二，那一年九月，我晋升主任科员。这两点都和江先生有关。

　　我自幼生长于部队大院，虽说八岁那年随父移居上海，但我生活的那个大院部队氛围依旧浓重。就说讲话吧，直到 1987 年以前,我操着一口普通话,常常被满头发卷的上海阿姨称之为"乡下人"。"文化大革命"让我这个"根正苗红"者和读书没了缘份。我进小学的第二年,便与小伙伴们举着大一号的《毛主席语录》走上街头。紧接着当红小兵头头,红卫兵头头,开批斗大会,写大字报,忙得不亦乐乎。到了1976年春,别人想方设法忙着回城,我却义无反顾地去农村插队落户。1977年恢复高考,我因读书少没敢报考,在工厂混了几年。1985年秋,正在电视大学读书的我从报上看到了"本市民主党派招聘机关干部"的启事。说实话,当时我根本弄不清什么是民主党派,如果不是在陕西北路荣家老宅墙上贴着的海报上看到李公朴、闻一多的大名,我大概不会选择民盟。我至今依然清晰地记着1986年1月5日收到民盟市委录取通知书的那种喜悦,记得次日走进陕西北路荣家老宅时的那种怦然心动。从1986年到1994年,我学到了许多民盟历史。然而,加入民盟的念头从未在我的脑海里闪过。为什么呢? 首先我以为自己学历不高,水平有限,没有资格。其次,家庭的影响,部队大院的背景还在。没想到1994年5月9日,江景波先生第一次找我谈话劈面就问:你为什么不参加民盟? 在他的鼓励下我于当年8月加入了民盟。

说来奇怪,加入民盟以前,我埋头民盟历史,收获颇丰,成果甚少。可就在加入民盟之后,文思泉涌,佳作迭出。2006年秋,我把多年来发表的有关民盟历史的文章编辑成册,出版了《追根溯源话民盟》。这本书江先生认真读了,专门给我打了电话:"海波,你真不容易!"

再说我晋升主任科员,按说早应解决,可有领导说"我们没有考虑。"江先生不以为然,在和我谈心时,他明确表示:"你的表现很好,晋升应该没有问题。"经办公会议讨论决定,在我加入民盟的第二月,便晋升为主任科员。双喜临门,我能不干劲倍增?

个人如此,整个机关更是面貌一新。就说《上海盟讯》,江先生来时它是一张小报,虽说改版早已提上议程,几经周折,面貌依旧。江先生说:"为什么不能改成大报? 有困难我来解决。"1994 年 8 月《上海盟讯》改版成功。拿着面目一新的报纸,江先生笑容可掬地走进了宣传部。哪个版面编得好,哪篇文章写得漂亮,江先生如数家珍。更让我们感动的是,他没架子,不主观。你以为他讲的不对,可以直言不讳。回想起来,他面带微笑,认真聆听的样子历历在目。

江先生在处理尖锐问题时大刀阔斧,毫不手软。当时有位机关成员因瞒报住房实际情况被取消了分房资格,一怒之下,竟将公家的热水瓶掷向分房小组负责人的办公桌。江先生一改过去比较软弱的办事方式,责令此人作出深刻检讨,还罚了一笔钱。

江先生化解矛盾的方式很有特色。一日,他找我聊天,说:"海波,你在机关的人缘不错,能不能帮我做一件事?"他说某位机关中层干部"脸色难看""老讲怪话""你能不能找她谈一谈,问她对我有什么意见。如果没什么意见,能不能改变一下。"我很快找到那人谈了,把江先生的看法告诉她,她当即表示接受江先生的意见。江先生知道后很开心,用手指在我掌上比划着说:"其实我这个人心很慈的。"他还自掏腰包,请大家吃点心。那个时候我们在市政协办公,机关大多数同志在政协文化俱乐部那幢精致的法式小楼里吃过他的饭。后来他还托人送来六箱苹果,说机关没吃过他的饭的,每人一箱。

1996 年 11 月底,江先生当选民盟中央副主席,消息传来,我和几个同事通过邮局给他送去一束鲜花。那个时候,他已经很少来机关了。

2007年换届以后,民盟市委请老领导吃饭。那一天,江先生来了,我坐在他身边和他聊天。他笑着说:"我这人有个毛病——贪吃。"那天,他吃得不少,还一个劲劝我"吃饱"。这让我想起他坐镇机关时,常去各部门串门,和大家讲家常:"小时候,我们家很穷,总是吃不饱肚子。屋顶上有鸟窝,就爬上去捉麻雀。你想呀,麻雀这么小,怎么能吃饱呢?"

这两年机关新招不少公务员,我曾几次带他们去看江先生。每次去之前,江先生总会问:"来多少人?"他让小保姆去菜场买活鸡,炖一锅汤,去他家的每人一碗鸡汤小馄饨,咬在嘴里,还有新鲜的虾仁。

说实话,这是我吃过的最鲜美的小馄饨。

行文至此,我突然想起去年在沪举行华东六省市盟务工作会议室时,福建民盟宣传部长黄小红告诉我一件事:多年以前,民盟福建省委来了一位老盟员,说是因公出差,顺便来机关看一看。后来一打听,这位以步代车、衣装简朴的长者正是当时民盟中央副主席江景波。

我和民盟美联总支的缘份

　　知道民盟有个美术联合组织还是在上个世纪八十年代,那个时候它叫美联支部,主任委员是何振志先生,我在《上海盟讯》"盟员赠新著"栏目中看到过她的名字。当时民盟市委还在陕西北路128号荣宅,我在那里见过一些书画大家的作品,比如江寒汀先生画的上海图书馆(今上海历史博物馆),听说刘海粟也为民盟市委画过一幅名曰"日出"的油画。真正和美联支部有来往,是在吴寒松先生担任主委以后。当时,寒松先生常来民盟市委,《上海盟讯》刊登过他的书法作品,在我这个门外汉眼里,寒松先生的字如北方山峦,厚重险峻。我还知道一些盟员的孩子在他创办的大无限艺术学校学书法。钱伟长先生逝世后,上海民盟在滨海古园为他塑像,还设立了"钱伟长陈列馆",那几个秀色可人的大字出自时任民盟中央副主席、民盟市委主委郑惠强之手。我知道郑主委拉得一手好胡琴,却不知他会书法,一打听,原来他的书法老师正是吴寒松先生。

　　我在美联最熟悉的是现任主委张智栋先生。2011年民盟成立70周年前夕,郑惠强主委找我商量,以在愚园路1320号民盟一届二中全会旧址挂牌为由,邀请当时的民盟中央主席蒋树声来沪参加纪念活动。我提议创作一幅反映 1947 年一届二中全会会场景的画作,张智栋主动请缨。是年 4 月 27 日,在纪念大会上,张智栋创作的反映民盟一届二中全会场景的巨幅画作赢得了满堂掌声。

回忆我参加过的活动,在松江中国留学生博物馆的那一次印象深刻。事先智栋要我为这次活动定个名称,我脑海中一下子出现了民盟英烈闻一多,他早年赴美留学,擅长篆刻书画,于是便有了"回归——一种刻骨铭心的美丽"的活动。

我还记得一次参加年终美联和医学产业支部联合举办的活动,地点好像是在一个大宾馆里,医学产业支部主委蔡钦生一番慷慨词,吴寒松先生当场挥毫写字,薛志贤先生随意泼墨作画,气氛热烈,趣意盎然。末了,我和寒松、志贤商量:以民盟最早的三位主席黄炎培、张澜、沈钧儒创作一幅菊、兰、石的书画作品。人事星散,终未成画,每每想起,心有不甘。

缅怀上海民盟英烈

　　我对上海民盟英烈的了解始于三十三年前乍暖还寒的时节。1986 年，为纪念上海民盟组织成立 40 周年，民盟市委决定出版《纪念上海民盟四十周年》，刚刚踏进民盟机关的我参加了编辑工作。在挑选照片时，一张黄竞武烈士的照片引发了争论。至今，我依然记得朱长青老师当时的一句话：别放了，太惨了！我从朱老师的眼角看到了晶莹的泪花。那一刻起，黄竞武的名字，深深的印刻在我脑海中。

　　事实上，我真正了解黄竞武烈士，是在 2006 年 9 月 14 日。那个秋日，竞武先生的弟弟黄大能来沪，叫我去他住处聊天。讲到他和民盟的关系，大能先生动情地回忆起李闻血案发生后，二哥竞武约罗隆基、彭文应动员他加入民盟的往事。上海解放前夕，大能先生劝二哥尽快撤离，竞武说：都走了，谁留下来工作？讲到二哥殉难，他哽咽地说：海波，你知道吗？我哥哥的十个指甲都没有了……

　　在这本由苏步青先生题写书名的《纪念上海民盟四十周年》里，除了黄竞武，还有曾伟、赵寿先、林绍禹和汤圣贤四位英烈。曾伟曾任民盟总部组织委员会委员,民盟南方总支委员兼港九支部副主委。1949年3月底来沪从事策反活动,4月5日被捕,5月21日与盟员刘启纶、虞键等人被押往宋公园杀害。赵寿先是民盟上海市支部大学生区分部委员,1948年10月31日被捕,次日凌晨以三楼纵身跳出,壮烈牺牲。林绍禹是"重庆号"起义中唯一牺牲的烈士,汤圣贤1948年11月由上海民盟输送到浙东根据地,次年3月在解放天台县城战斗中英勇献身,他俩出生于1926年,殉难时年仅23岁。

那一年,28岁的我曾苦思冥想:用怎样的语言才能描绘民盟与中共的生死之交呢? 五年后,我从费老在纪念民盟成立50周年大会的讲稿中,看到了"民盟先烈的鲜血和共产党人的鲜血流在一起"。二十八年后的今天,我依然认为这是描述民盟与中共关系最具情感,最为精彩的句子。

2001年是中共建立80周年,我想到了一个题目:民盟中的中共早期党员。写作时发现郑太朴这个名字。郑先生1922年春加入中共,是年秋赴德国哥廷根大学攻读数学物理。留德期间,他和朱德、章伯钧是好朋友。一次讨论社会主义时,郑先生天真地说:那个社会吃饭不成问题,到处都安上了营养液输送管,龙头一开,肚子就饱了。大革命失败后,郑先生跟随邓演达,是国民党临时行动委员会(农工民主党的前身)的创始人之一。民盟成立后,经章伯钧介绍加入民盟,担任过民盟上海市支部执行委员。五一口号发布后,中共派李正文通知郑先生北上参加新政协,还送他五十块银元。李正文说郑先生兴奋得像个孩子。不料,在上海去香港途中,突发脑溢血逝世。黄炎培在悼念文章中说他"天资超卓,学力过人,朋辈中竟罕其匹",他任教交通大学时,校方安排了一个助手,此人就是后来的中科院院士、民盟盟员吴文俊。

2008 年在筹划建立民盟传统教育基地时,我在 1951 年 7 月民盟中央《盟讯》民盟先烈名单中找到了郭莽西、刘启纶、虞键、郑显芝、焦伯荣的名字。5 月 4 日,民盟上海市委在安葬着李公朴、曾伟、赵寿先、郭莽西、刘启纶、虞键、郑显芝、焦伯荣等民盟英烈的龙华烈士陵园举行"中国民主同盟(上海)传统教育基地揭牌仪式",这是全国民盟第一个传统教育基地。至今,这个首家民盟传统教育基地,每年都会有上海和外地盟员前往参观。十年来,由我带队讲解的不下三千人。

在民盟市委机关工作的三十二年里,我有过困惑痛苦,甚至产生过离开或走"捷径"的念头,但是,有一种激情始终在我心底燃烧。2016 年 7 月 5 日,民盟中央在云南大学致公堂(闻一多先生最后演讲地),举行纪念李公朴、闻一多殉难 70 周年大会,下午座谈时,民盟重庆市委宣传部长李朝林说:"海波部长讲盟史以'生当做盟杰,死亦为盟魂。至今思李闻,不肯苟且生'结尾,我看到他眼角闪动着泪光。"是的,多年来,只要一想起那些为了一个民主和平富强统一的新中国而献身的民盟英烈,我的眼角就会泪光闪动。

盟员之死

清明时节,我想到了一篇文章的标题:盟员之死。

首先,我想起的是李公朴、闻一多,我把李闻殉难称之为最壮烈的死。之所以这么讲,是因为他们在中国两种命运决战的关头挺身而出,为和平民主呐喊,成为那个时代的鼓手和正义的化身,在中华民族历史上留下了惊天地泣鬼神的辉煌篇章。1986年1月6日,我就是在李闻的召唤下走进民盟机关的。时隔四年,我又亲耳聆听了陈仁炳先生在民盟市委为他八十寿辰举办的座谈会上的答词:"民盟给了我第二次政治生命,在民盟的教育下我确定了我的政治方向。从1945到1949,在党和民盟的指引下,我精神百倍地向前迈进,在争民主反内战的道路上做了一些我应该做的工作。战斗的需要让我不能计较个人的安危,在这几年里,我一刻也没有忘记李公朴、闻一多,我不能有愧于他俩的名字。作为一个盟员,生活在那个境界里,民主第一,战斗第一,生死是小事,我能够过这种生活,至今回忆起来觉得是我的幸福,如果那时结束我的生命,我是不后悔的!"四十年后,陈先生历经坎坷、九死未悔的声音,依然回响在我的耳边。

　　如果李闻殉难是最壮烈之死,那么用"最惨烈"来形容黄竞武牺牲可谓恰如其分。1986 年编辑《上海民盟四十周年》,讨论入选照片时发生过一场争论:面对从上海南市车站路国民党保密局操场挖出的尸体照,我们沉默了。许久,朱长青老师说:别用了,太惨了。是的,当你目睹照片上竞武烈士头套麻袋,上身赤裸,大脚以下只剩骨头的惨状时,你会有何感想? 在上海解放 70 周年前夕,重温竞武烈士,是教育,更是鞭策。

　　雁过留声,人过留名。可是我在撰写《民盟最早的中央执行委员》时,发现青年党的杨庚陶悄无声息,尽管四处查询,甚至向重庆的朝林兄求助,终一无所获。这个最早的民盟成立时的中央执委,到死亦是默默无名,"最寂寞之死"用在他身上,名至实归。

　　有寂寞便有不甘。在我眼里,盟员中最不甘心的死应属张申府先生。想当初,申府先生是中共最早的党员之一,在和李大钊一起介绍张国焘入党后,他又成为周恩来的入党介绍人。中共四大时,申府因反对共产党人加入国民党而退出中共。1948 年 10 月他又因发表《呼吁和平》,被香港民盟总部开除盟籍。晚年,他不停地忏悔:一不该退出中共,二不该写《呼吁和平》。面对这样这个垂垂老者,我尽力让自己眼眶里产生一点泪水,但是无论如何也没有做到。

　　和张申府不同,我在潘光旦先生那里找不到一丝一毫的怨气。1967 年 6 月初,因坐在地上拔草引发膀胱炎住院的潘先生被迫回家。6 月 10 日,老保姆见潘先生情况不好,急忙请来一墙之隔的费孝通,潘问有止痛片吗? 费说没有;又问有安眠药吗? 费说没有。最后,这位民盟早期中央常委、著名学者在费孝通怀里逐渐停止了呼吸。22 年后,费老在民盟中央纪念潘先生诞辰 100 周年座谈会上说:有文章说潘先生"含冤而死",可事实上他没有觉得冤。他看得很透,懂得这是历史的必然,他的人格不是一般的高。

张东荪先生的遭遇更坎坷。1949年1月他应邀去西柏坡,在和毛泽东谈话时发生了争论,毛说新中国应该"一边倒",倒向社会主义的苏联,东荪先生不同意:亲苏可以,但不能反对美国。1952年起东荪先生不停地公开检讨,他托张澜、梁漱溟向毛泽东当面求情,毛说:我们不能和这样的坏人一起开会了,他出卖国家情报。彭真要抓他,我说不必,这种文人造不了反。从此"美国特务"的帽子牢牢扣在张东荪头上,他被撤销了盟内外一切职务,在毛泽东"养起来"的指示下闲赋在家。1968年被关在秦城监狱,不久转到北京铁道医院。1973年有关方面允许家人探望,得知一年前美国总统尼克松访问中国,中美关系缓和时,东荪先生激动不已,喃喃自语"中美不能对抗,还是我对"。不到三个月,他死了。我用"最自信之死"来描述他,诸位一定不会有异议吧。

行文至此,我想起了陈仁炳先生。1990年的秋天我最后一次去看他,病入膏肓的陈先生对我说的最后一句话是"民盟一定要发展呀",联想到反右运动时,"恶性大发展"是他的一大罪状,不禁潸然。

感应篇

读王海波的《聆听岁月的脚步》

邓伟志

　　多年来不断听到有人夸奖民盟上海市委宣传部长王海波先生讲盟史讲得好,说他一会儿讲得听众眉欢眼笑,一会儿讲得听众声泪俱下,可我一直没有机会听他讲盟史。最近上海三联书店出版了他的《聆听岁月的脚步》,让我大饱眼福,始知他名不虚传。

　　比如他在民盟英烈黄竞武烈士的墓前讲烈士的故事。当他讲到,在面临生命危险的时候,有人劝黄竞武离开上海避避风头,黄的回答是:"都走了,谁来工作?"就是这么实实在在的几个字,讲出了烈士的崇高精神境界。当他讲到在上海解放后的第八天,人们在原国民党保密局所在地挖出了耳鼻洞穿,手足残断,指甲俱脱的黄竞武烈士的尸体时,听者擦泪珠的擦泪珠,抽泣的抽泣,他也一时讲不下去了。这"讲不下去"比讲下去更能感染人、更能启发人、更能教育人。这感情是真实历史的积淀。

　　学而后讲,讲是为了学。王海波先生向在世的历史事件的亲历者学历史,向熟悉历史的亲闻者学历史。他甚至还到历史人物故居学历史,那里的邻居会对他说历史,那里的门窗会对他见证事件。写到这里,我深感惭愧,有件事不能不提。在 1960 年春夏之交,每周四我都到虹桥的市委农场劳动,记得有次摘毛豆。劳动结束时,农场领导发给我们每人一碗毛豆角带回去。在吃不饱的日子里能有一碗毛豆,大有如获至宝之感。农场里有幢别墅,有人告诉我们这就是上海解放前夕,在获悉国民党马上要枪决一批民主人士时,地下党请国民党里的进步人士营救出张澜、罗隆基的地方。可我当时却没有像王海波那样"追根",也没有像王海波那样"寻源",只了解了一点皮毛。可王海波却把那里当作民盟的纪念地,对那段历史过程有板有眼地讲得清清楚楚,正如盟员所形容的,他是"娓娓道来"。我当年如果能像海波那样注意倾听岁月的脚步,一定会比海波了解的更多,因为 1960 年营救的人都还健在,到海波出山时有的已仙逝了。遗憾呐!

对王海波先生还是懂行的邹逸麟兄评价得恰到好处。他点赞海波讲史的文章是:"以人系事,以史证事,以事辩史"。"人"加"事"等于"史"。名人加大事则成正史。参政党的历史是当代史不可缺少的一页,参政党与执政党之间是你中有我,我中有你,因此党派史可以折射出璀璨的中国当代史。祝海波老弟再接再厉再献华章!

一个平凡的非凡人

徐焕武

  王海波,民盟上海市委宣传部部长。一位平凡的机关专职干部。平凡得你到百度上都查不到他的生平简介。他个子不高,戴着一副普通的眼镜,一件格子衬衫外罩了一件皱皱的夹克,极其平凡。此次去上海,我有幸与他有了一天的接触,我深切地感到,他,又是一个非凡之人,那朴实而又倔强的气质让你难以忘却。

  到了上海民主党派大厦,只见王部长笑容满面,早早地在大厅迎接我们的到来,如同亲朋好友般热情。安顿好房间以后,他就带领我们登上大巴踏上"回眸历史 寻觅真谛"之旅。大巴车在行进,他手拿话筒,全程站在摇摇晃晃的车上,声音洪亮地向我们诉说一个个旧址与民盟先辈的渊源。

  王海波部长带领我们淮南民盟一行,穿梭在上海老城区的马路上。他带领我们参观张澜故居,徜徉于民盟中央在国民党统治时期的办公总部,拜访保护完好的周公馆……每到一处,他都如数家珍地向我们介绍发生在那些普普通通的建筑物内,影响中国历史发展的惊天动地的故事。每到一处,我们一行都将王海波部长围在中央,如同饥饿的人群围着满汉全席。

12 月的上海,寒风阵阵,王海波部长的脸上却是挂满了汗珠。

12 月 16 日下午,王海波部长又给我们一行做了两个半小时的盟史报告。

听完他的报告,我在我的笔记本上写下了三个词:震撼、感激、自豪。

震撼之一:是王海波部长能够不带讲稿,从 1941 年民盟成立之初一直谈到现在民盟的现状,谈到七十多年来民盟和共产党以及其他党派的关系,谈到黄炎培、张澜、李公朴和闻一多等这些为民盟的建立和成长立下卓越功勋的先辈们。王部长侃侃而谈,说起他们的故事,能够准确地指出时间(具体到哪一天和哪一时刻)、地点和事件发生的细节。其间,他还为我们穿插了中共党史的一些生动事例。一个年近六旬的人,居然有如此非凡的记忆力!怎能让人不佩服!

震撼之二:在两个半小时的报告中,他从未喝一口水,却一直保持着高亢而慷慨激昂的热情去叙说着民盟的每一段历史和每一个人物事例。每一个故事,都让我们深切地感到如同他亲历亲为一般。这些故事,就像是发生在昨天,就像是他刚从故事现场回来,然后就迫不及待地说给我们听。用"口若悬河"和"眉飞色舞"来形容他的报告,我认为是非常妥帖的。

震撼之三:民盟有如此非凡的历史。七十多年的风风雨雨,在一群智者的带领下,我们民盟是何等的轰轰烈烈,又是何等的壮志凌云;是何等的硕果累累,又是何等的傲视群芳!

在与王海波部长的短暂接触中,我们一行感激他为我们精心烹饪的一桌精神大餐,他那激情与专注的眼神历历在目,那掷地有声的语言依然回响在耳畔。虽然短暂,却是身心震撼、终身难忘!

自豪,是的,自豪! 王海波部长的报告,让我真切的感受到:能够成为中国民主同盟的一员是何等的骄傲和自豪! 我居然可以和黄炎培、张澜、李公朴、闻一多和费孝通等这样一批伟人站在同一个战壕,我居然可以沿着他们开辟的道路不断前行。

这是一种怎样的自豪啊!

在报告的结尾,他给我们朗读了能充分显示其志向的一首诗:"生当为盟杰,死亦为盟魂。至今思李闻,不肯苟且生"。我觉得,像王海波部长这样平凡的非凡人,也是民盟之魂。多一些这样平凡的非凡人,民盟就一定会更有希望!

"至今思李闻　不肯苟且生"
——听王海波先生盟史讲座体会

陶　敏

　　2017 年 4 月 8 日,在苏州听了民盟上海市委宣传部部长王海波先生作的讲座《信念的坚守与历史的抉择》后,我对民盟的"前生今世"有了更多的了解,对民盟的精神有了更深的理解。王先生结束讲座时,改李清照《夏日绝句》和我们共勉:"生当为盟杰,死亦为盟魂。至今思李闻,不肯苟且生"。绝句深刻地注解了民盟的精神和意志,我想这是王海波先生的人生志向,也应该是我们广大盟员追求的人生目标。

　　入盟一年有余,作为一个新盟员,去年至今,有幸聆听了两次高级别的盟史讲座。上一次听了民盟中央巡视员张冠生先生的专题报告,这一次是王海波先生的讲座,两位先生的视野比我们要高出许多,有振聋发聩之声,有忧国忧民之思,有奋勇当先之行。民盟成立至今七十多年的历史,风起云涌,轰轰烈烈,王海波先生两个多小时的演讲,口若悬河,眉飞色舞,但始终从容不迫,收放自如,他个人的眼部表情和手势动作有时十分丰富,真是性情中人。

我发现王先生和历史上的民盟前辈有共通之处,他们肚中有真货,肚量很大,做事认真少有委蛇,整个讲座,感受颇深。

感受之一:开场白不落窠臼

虽说是民盟举办的专题报告会,但与会人员中有苏州其他党派的成员,王先生一开场就说起了民盟与其他政党的渊源,他讲得自自然然,在讲民盟成立的背景和过程中,将各党派当时的关系作了详细的介绍,他讲民盟和友党的"关系史",照顾了所有的与会人员,一下子拉近了与听众的距离,使大家都自觉融入到他设置的会场氛围中,所以偌大的报告厅里安静有序,我周围的不少人听着听着露出会心的微笑。饱含激情,妙语连珠,王先生仿佛置身于那个动荡不安的时代。他讲"三党三派"的成立过程,不时提到当时各党派的风云人物,如数家珍。这里有"民盟之父"乡建协会的梁漱溟,有"中华民国宪法之父"民社党的张君劢,有所谓"和事佬"职教社的黄炎培(后当选中国民主政团同盟第一任中央常务委员会主席),有担任中国民主政团同盟第二任中央主席的"川北圣人"张澜……说起他们的故事,王先生能够准确地指出时间、地点和事件发生的细节,历史的细小之处,在他的演讲中显得真切而令人动容。

感受之二:讲史实如同亲历

王先生在两个多小时的报告中,不看讲稿,却滔滔不绝,始终热情高涨地叙说着民盟的每段历史和民盟前辈的每则故事。这些故事,就像是发生在昨天,如同亲历。他讲黄炎培,讲"窑洞对",毛泽东以民主"破"黄炎培提出的"历史周期率"成为我们人所共知的历史佳话。那是 1945 年 7 月 1 日,在征得毛泽东、周恩来和蒋介石同意后,时为民盟中央领导成员的黄炎培和其他五位知名人士飞往延安访问。黄炎培作为中间派去延安,是去寻找解决中国问题的答案的,这是历史的选择。在黄炎培看来,延安是天堂,他们六人在延安,是自由自在的。要到哪里,看哪人,都绝对自由。不需要带路,可以自己去。所以黄炎培曾说:延安五日所见,当然是距离我理想相当近的。关于"窑洞对",王先生清楚记得时间是 7 月 4 日的下午。原本我一直认为毛泽东和黄炎培的交谈是在晚上,两个人彻夜深谈。以前我在政治课上给学生讲"周期率",就是这么讲的。王先生的讲座,纠正了我一个二十多年的"误知"。

感受之三:说人物真情流露

王先生讲"民主斗士"李公朴和闻一多先生是富有深情的。入盟后,最让我感动的就是李、闻两位民盟前辈。在中学时代我学过闻一多先生的名篇《最后一次演讲》,这是一次杰出的即席演讲,是爱国民主人士发出的战斗宣言!但做学生时,对闻一多先生的了解是不多的。去年听了张冠生先生的讲座,看了他写的书《从前的先生》后,对闻一多先生有了更多的认识。王先生说闻一多是值得讨论的,他是有故事的。早年的闻一多,留学美国包括回国后的一个时期,信仰国家主义,曾加入大江社,反对共产党。后来国家主义的据点被国民党接收,他一度远离政治,埋头写新诗,过着诗人、学者的生活。1943 年后,因目睹国民政府的腐败,于是奋然而起,积极参加反对独裁,争取民主的斗争,成为另外一个闻一多。1944
年他加入民盟,第二年当选民盟云南支部常委,他用火一样的热情
和生命为民主奔走呼号。当李公朴被暗杀后,朋友们再三劝告闻
先生,他只是笑笑。在四天后云南大学举行的李公朴追悼会上,闻
一多慷慨激昂地发表了《最后一次演讲》,而两个小时后就遭国民
党特务伏击,身中十余弹,倒在血泊中。我为闻先生的才华折服,
更佩服先生的大无畏的革命勇气。王先生说闻一多是一个真正的
民主战士,他值得我们每一个民盟同志敬仰和怀念。李、闻两位先
生为坚守民盟的信念而牺牲,王先生强调说:知识分子是可以用生
命来捍卫自己的信念的!所以他结束讲座时改李清照的诗与我们
共勉,有怀思,有温情,更是别有深意!

善良的人才写书

施 政

　　拿到海波老师的新书，我一开始就是接受的，当然，看到封面那种比蒂凡尼绿稍深一号的颜色时，DUANG ～ 完全膜拜了。

　　从入盟开始就听海波老师讲盟史，总是诧异他怎么可以记得住这么多的名字和事。从下午拿到书，一路看到深夜，想起很久以前看过的一句话：那些藏在记忆深处不愿忘记的，只不过是因为你动了感情。字里行间，海波老师对于那事，那人，那屋的细细讲述许是想厘清自己与他们的缘份，虽结尾处每多有泪，但也每篇都裹挟着一种豪情，正如他写叶笃义先生"老骥所以甘心伏枥，在于有奔千里之志，或许行之未过半马以殆哉，然倘能以身殉职，伏案而终，亦无悔矣"。

　　海波老师在书的后记里写："这本不厚的书，我写了二十多年"，这话听着就让人很踏实。我是偷懒惯了的人，小时候读书，父亲常指着我切齿感叹"就等着老大徒伤悲吧"，却不想懒人也自有懒福，不用我去一堆发黄的《上海盟讯》里用功，海波老师已然整理了清清爽爽的册子送我，扉页上还特特题了"赠施政靓妹"，那份得意自然是要回家显摆给老爷子看的。只是老爷子如今岁数大了，动辄掉眼泪，怕他看了那些故事，又不知道要生出多少感慨。

我总是容易对可以安心写书的人生出好感，这是一种莫名的情愫，又或许暗合了王晓明先生曾讲过的：几百年或更长的一段时间里面，当人类社会的黑暗和光明持续斗争的时候，文学站在黑暗一边的情况是很少很少的，不是说没有，但很少，在大多数时候，文学都是站在受欺负的弱势者一面的，站在追求正义和公正的社会未来这一边的。看海波老师跟那些前辈先生的交流，羡慕是自然的，连他用的形容词都是好的，他说那些先生们舒服，真诚，激情，认真……生生是想要把我藏在羡慕底下的嫉妒逼出来。董桥先生说：过去所有的理论都说不要太经营。错了，那要看你的斧痕有多深，太深太露不好，有一点斧痕，方看到价值所在。海波老师这斧痕，劈磨了二十多年，是蕴藏了激情和认真的舒服真诚。

父亲兴致好的时候也跟我闲聊，说做一个盟员最要紧的不过六个字：有才、有爱、有种。说完停下，想了一会儿，又说：其实做人最要紧也不过这样。长辈们教给我的自然都是凝结了大半生的至理，无论是说还是写，满满的都是倔倔的爱护。关于海波老师的书，我想起一副对联"雨久藏书蠹，风高老屋斜"，这书里的故事，书外的学问，做晚辈的陪你一起倔到底，好不好？

海波老师

杨 格

　　在上海市民盟机关，下属称呼上级一般按头衔来称谓。唯有海波老师，虽然是宣传部部长，但大家习惯称呼他海波老师。这个称谓像一股清流，让人如沐春风。

　　海波老师要退休了，民盟二总支、民盟静安区委、民盟普陀区委、华师大民盟联合为海波老师举办了一场别开生面的活动，盟员林华提供浦东星河湾的会所做场地。活动的题目是"至今思李闻不肯苟且生——祝贺海波老师从事民盟工作三十二年"。至今思李闻，李就是李公朴，闻就是闻一多。海波老师当年加入民盟时就是被民盟先辈的精神感染，坚定地选择了民盟，而且要求自己以先辈为榜样，不苟且生。这个骨气一直保存至今。民盟二总支副主委梁文琰情真意切地谈她对海波老师的印象，对海波老师敢讲、敢干的精神非常佩服，她很愿意和这样的人交朋友。静安民盟主委王刚也谈了他对海波老师的印象，敬佩他的品行。

　　海波老师写了一首诗，彰显了他的心迹。诗歌《讲述》是这样写的：在青意还未翠绿的清晨，听，一个没有枯槁的声音，讲述/童年,没有走远,在甬江的那头,摇曳/青春,并不亮丽,在赣岭的树丛,绽放/青涩,也不眷恋,在荣宅的走廊,徘徊/甘苦,也未忘却,在棠柏的楼道,徜徉/当岁月不再年青,当脚步不再轻盈,当情感不再跌宕,当歌声不再嘹亮,来,在一个寒意尚未消退的夜晚,听,一颗尚未老去的心,跳动。

一位年轻的盟员朗读了这首诗。活动的帷幕就此拉开。

活动设置得很有特点,一个一个盟员上台与海波老师对话。民盟市委宣传部左娟娟主持。一个 80 后的盟员回顾了与海波老师一起工作的情形,在新成立的理论研究会,他们两人一起从 2008 年开始,倡议挂牌了民盟教育基地,到现在已经有十多个教育基地。同时,海波老师研究盟史,尽管有领导不屑一顾,觉得搞这个有什么用? 海波老师不改初心,坚持他的观点。现在,海波老师已经成为盟史研究的专家,经常给盟员讲述民盟的历史;一个盟员回顾他刚进民盟,海波老师请他喝茶,他颇为不解,想到机关里不拘言笑,海波老师是不是有什么企图。但喝完茶后,这个年轻盟员才明白海波老师与他拉家常,是关心他的工作,也把自己的经验与他分享,这位盟员很感动,觉得海波老师是很有趣的人;一位盟员回顾了他们跟着海波老师成立了青年读书会,买了很多书,还编辑了一本杂志《童心》,海波老师还买了食材,带着他们包饺子;民盟宣传部副部长刘友梅在和海波老师对话中提到,海波老师善于挖掘年轻盟员的特长,放手让他们去干。

海波老师的真性情,也让他拥有很多很有个性的盟友。我曾经想要采访著名作家梁晓声。我知道海波老师和梁晓声很熟悉,就请他帮助联系。海波老师联系好后,把梁晓声的手机号码告诉我,然后关照一句话:"你打通电话后,讲我是王海波的朋友,梁晓声就会出来。"那是全国政协会议,我采访好后,把这个暗语告诉摄影记者,摄影记者按照暗语与梁晓声联系,梁晓声马上从会议室出来,接受摄影记者的拍摄。我们采访得非常顺利。足见海波老师的个人魅力。上海市政协常委马驰老师也是个性很强的人,我也是通过海波老师采访到了马驰老师。马驰、安琦(知名学者)、韩昭庆(复旦教授)都来参加了海波老师的活动,并与海波老师对话。马驰和海波老师已经有三十多年的交情,马驰握着海波老师的手说,尽管退休,但我们的合作继续。

从海波老师来讲,在研究室期间,他专研盟史。他对自己的定位是:选准位、耐寂寞、远是非、控自我。海波老师对机关的规则很清楚,他的性格并不适合在机关,但他还是坚持在民盟,埋头钻研盟史。寂寞复寂寞,他的研究终于有了结果,毛泽东与民盟的关系,周恩来与民盟的关系等等,他满腹民盟史,如数家珍。海波老师调任宣传部部长后,他妹妹说:"哥,你那个性还能当宣传部部长吗?"海波老师笑笑,他远是非,只抓工作,不参与勾心斗角的争斗。宣传部在他的领导下,同事之间和睦、友好。

海波老师在与盟员对话时,吐露真心——他希望当一个老师,他喜欢和年轻人交流。所以,这次活动的最后,上来了七、八位年轻盟员,站成一排,海波老师在中间,听每个年轻盟员的心声。活动推向高潮。

一个人,能在退休时有这么多朋友来祝贺他三十二年的工作,必定是人格魅力使然。海波老师就是这样的人。

笔底明珠多坎坷，从来信史不由人

邱文平

　　海波老师嘱我做篇东西谈谈对他的感想，特意嘱咐要真实，让我颇为感慨。海波老师学养见识，道德文章都是民盟楷模，我能够有机会写点东西，实在是难得的荣耀。

　　第一次见到海波老师，已经是近十年前了。那时我是游离于民盟组织的闲人，不知怎么有天通知我参加民盟市委研究室召开的盟史理论研究会。那时年轻气盛，会议气氛也很轻松，似乎没有领导在场，本着不能浪费生命的想法，不说白不说的精神，对民主党派的各种乱象和怪相谈了很多看法。会后海波老师和我倾心交谈，发蒙答疑，我才发现这个认真倾听我妄语的笑嘻嘻老头就是民盟研究室主任。海波老师个子不高，其貌不扬，浑身的知识分子气息，极具亲和力，和我想象中的领导派头完全不搭，这深深地震撼了我，也让我对民盟有了新的认识，原来我们并没有完全科层化成为政府的一个零件啊。

　　海波老师最大的优点是对民盟传承不加掩饰的深刻感情，这种政治情怀是海波老师几十年研究盟史的结晶。我们见过太多的学术和政治两面人,学随术变,台上民主自由,台下男盗女娼。所讲的一切大都是为自己的私欲和利益,所谓信仰不过是寻租的工具罢了。海波老师自我认识他直到今天,对于民盟的历史和政治情怀从未改变,他几十年枯坐板凳的学养使他能够通过历史的重重迷雾透视到当年民盟领袖的深刻用心和苦衷,他的研究不再是简单的面谱化的构建,而是栩栩如生地传达出民盟先贤在艰难处境下人性的选择,他们如常人一样有小心思,有私欲有功利心,但是在政治理想上从无犹豫,在生与死的大节考验前绝不退让,写就了大写的人字,也铸就了他们在民盟历史上不朽的民望。借用陈寅恪为王国维的墓志铭来评述民盟先贤也无不妥:"来世不可知者也,先生之著述,或有时而不章;先生之学说,或有时而可商,惟此独立之精神,自由之思想,历千万祀,与天壤而同久,共三光而永光。"

正是有了海波老师这样的盟史专家和理论旗手,民盟的政治信仰才能得以传承,凝聚力才逐步扩大。这种真诚是源于信仰的执着,是民盟的根基所在。如果我们仅仅是做中共思想的传声筒和复读机,而没有自己党派的独特见解和作为,试问年轻一代为什么不参加中共大展宏图。"要有公心""不要有官气",这些都是海波老师常说的话,也是他践行的道路。在当今精致的利己主义者大行其道的时候,这些话自然不太受欢迎。歌舞升平的时代,对大多数人来说,个人的实现和财务自由才是根本的追求,这些高大上的言论说说还可以,真要是去实践,那完全是脑子进水了。但是我们也要看到,民盟是一个具有高度情怀的知识分子建立和发展的政治组织,一个民盟盟员应该具有这种家国情怀,就是喝着地沟油,也要操着中南海的心。一个具有理想信念的盟员,是不应该将自己与流俗混同的。这种诉求不仅是政党的需要，也是自古以来中国儒家"知行合一"的传承。

犹记当年黄埔军校创校之初大门上的对联："贪生怕死莫入此门　升官发财请走他路"。如果国民党人一直秉承这种理念，对人民百姓有所敬畏，而不是倒行逆施，拒绝民主协商施行暴政，对共产党斩尽杀绝，对民主党派举起屠刀，结局就不是被人民所抛弃，如丧家之犬般苟延残喘了。

上海的王海波先生和北京的张冠生先生是我们民盟精神的传承者，他们讲座所到之处，广大基层组织盟员交相赞誉，许多人都有醍醐灌顶的感觉。没有这样的民盟之光，我们就无法在历史的漫漫长夜中找到方向。"南王北张"最重要的启示就是："我们"不是一个政治级别的联盟，也不是商会联盟，而是一个有良知的知识分子的联盟。

海波澄碧春辉丽

陈占彪

　　和王熙凤"笑先夺人"的出场有点像，每次遇到海波老师，大老远的，就能听到他那爽朗的笑声，他都会和你热情地握手、聊天。人见面常打招呼、握手、笑，但一般都是出于礼貌的致意，但海波老师的热情，却是其内心率真性情的流露，很有感染力和穿透力。

　　我本人一般不太愿意出席各种会议，特别是大型的会议，觉得人家开会的目的，多是为了做样子，表政绩，是为开会而开会，谁爱去谁去，我们凑他热闹做什么。但是对一些只有廖廖数人的小会，倒常愿意参加，特别是有认识的、趣品相投的师友，更是乐意。这就包括民盟的一些活动以及民盟的一些师友，这其中就有海波老师。

　　我常得出这样的结论，"好人才加入民盟"，因为民盟没"无权无利"，所以多不入"坏人"的法眼的。有次在杭州九溪散步时，海波老师愤愤地说，某某加入民盟，就在外面明确对人说，我加入民盟就是为了提拔容易，因为在其他地方机会少，没有民主党派升迁得快。其大意如此。言语间，对此种投机钻营的人颇为不齿。以后,我多次听到海波老师说到这个人,但这人是谁,他没说,我也没问。

如此说来,民盟虽不是"名利场",但也不是完全无名利可图的。的确,在民主党派里,什么政协委员、人大代表是比外面来得更容易些。也正因为有名利可图,就不免能招致像海波老师所说的那样的苍蝇。不过,总的来说,民盟还是有像海波先生这样的好人多,动机不纯的毕竟是少数。不像有的地方,坏人扎堆,好人难过。而在民盟正好相反,好人扎堆,坏人难过。

"直方大,不习,无不利。"可见,他不仅是一个热情的人,而且是一个正直的人,即,"一个纯粹的人"。"有德者必有言",他还是一个有学问的人。

由于长期从事民盟历史和参政党理论研究,特别是对民盟历史及人物,他熟稔于胸。可以说,他算得上是一部盟史"活字典"。只要与民盟相关的人和事,他都能娓娓道来。

2013 年 8 月,上海书展时,商务印书馆要为张建安先生的新书《为了美好的中国》做作新书发布,委托我在上海邀请几位专家出席,我翻看了一下新书,发现书中谈到一些与民盟相关的历史人物,就联系邀请海波先生参加,他不仅爽快地答应了,而且还带来了一批民盟的"年轻人"前来捧场。让我颇为感动。

在发言中,说到 1945 年 7 月毛泽东和黄炎培的著名的"窑洞对"时,他纠正了当时存在一个问题,那就是人们将当年"窑洞对"时的黄炎培和"民建"联系在一起。他说,黄炎培固然是"民建"的创始人,但是"窑洞对"的时候,"民建"尚未酝酿,据黄炎培自己的日记,"民建"创建的日子是 1945 年 8 月 21 日,正式成立则是在当年的 12 月 16 日,因此将"窑洞对"时的黄炎培只能是民盟的身份。

这让我印象特别深刻。如果没有对民盟历史和人物的熟悉和了解，何以能发现这样的问题。

后来他担任民盟上海市委宣传部部长，以他的识见，倒是蛮合适的，反过来说，要做民盟的宣传部长，没有对民盟的历史的基本了解，恐怕也是做不好的。因为，对民盟这样的党派来说，它的特殊性正在于它的历史上拥有一批如梁漱溟、黄炎培、潘光旦、费孝通这样的"大知识分子"和社会活动家。你对他们不了解，你宣传什么呢？

2018年，海波先生从民盟市委宣传部部长职位上退休。一些民盟区委、盟员主动提供场地，自发组织了一场"至今思李闻，不肯苟且生——祝贺海波老师从事民盟工作三十二年"活动，以向其致敬。"至今思李闻"，是什么典故？查来查去，没查到，后来看消息，才知道是指代李公朴、闻一多的意思。"至今思李闻，不肯苟且生。"足见其情操。

"海波澄碧春辉丽"，海波先生正是这样一个热情的人、一个正直的人、一个博学的人。

一位有情怀的盟史研究者与布道者

——我眼中的王海波老师

吴原元

  与王海波老师的初次相见,我记得是在民盟市委组织的一次活动中。当时,他留给我的第一印象是其貌不扬,但声音宏亮,讲话富有激情和感染力。自加入民盟上海市委参政党理论与盟史研究会后,与海波老师开始逐渐相熟;尤其是担任参政党理论与盟史研究会华东师大分会会长后,常参与海波老师组织的盟史活动或邀请其参加我们分会组织的盟史研讨活动。因此之故,常有幸聆听到他关于盟史的精彩报告,并与海波老师成为"忘年之交"。随着了解和认识的加深,海波老师带给我的是由衷的感佩和景仰。如果用一句话对其进行概括的话,在我看来,他是一位"有情怀的盟史研究者与布道者"。

  与海波老师接触过的人,无不由衷地敬佩他对盟史之熟悉。记得有一次同海波老师一道赴云南昆明参加由民盟华东师大委员会与民盟云南大学委员会联合举办的纪念李闻血案七十周年学术研讨会,一路上为我们讲述有关李闻的趣闻;会后踏访闻一多遇难之地时,海波老师为我们完整的回述了闻一多遇难前后的全过程,其细节记述之准,让巧遇的一位八十多岁老太太感到惊叹,她可是闻一多遇难亲历者。海波老师对盟史之熟,让我们感觉他的脑海中似乎有取之不尽的盟史掌故,讲不完的盟史故事。

也许我们会认为,海波老师对于盟史的熟悉,源自于其惊人的记忆力。在笔者看来,海波老师确实有着过人的记忆力。对于所阅读过的盟史书籍和与盟内前辈交往的历历往事,他都如印刻于脑海中一样,为听者准确而生动的娓娓道来。然而,更为重要的是得益于其长期潜心于盟史研究,做盟史研究的有心人。他曾自述说,早在上个世纪八十年代进入民盟上海市委机关工作后,即听从了当时一位盟员前辈之劝告,不要让自己成为一个"纯粹的机关人",要保持读书人的本色,多了解盟史。自此之后,海波老师潜心于盟史研究,广泛阅读民盟前贤的日记、书信、年谱、传记等,爬梳盟史的故纸堆,追寻民盟发展的历史足迹,回望民盟前贤们所走过的心路历程;与此同时,他对学术界关于盟史和民盟人物的最新研究保持着密切关注,让我这个身在学术圈并以近代史研究为业之人常自叹弗如。我常同海波老师打趣道,"您这是要抢我的饭碗!"藉由对盟史的深入研究,海波老师先后出版了《回眸岁月的脚步》、《聆听岁月的脚步》、《民盟中央总部在沪活动纪实》等著作。另外,海波老师还藉由在民盟机关工作的机缘,细心走访仍健在民盟大家们,用心记录他们的回忆与访谈。正是数十年如此潜心于盟史钻研,他才能对盟史如数家珍,才能将民盟先贤们的精彩往事娓娓道出。笔者有一观察,同海波老师聊其他问题,他往往是一个安静而认真的倾听者;但当谈到民盟历史和民盟先贤人物时,他即刻成为主讲角,其他人则成"沦为"虔诚的倾听者了!

如果仅止于此,海波老师只能算是一位优秀的盟史研究专家。然而,如果聆听过海波老师的讲座或阅读过他的著作,我们都能深切的感受到他并不仅仅只是一个专家,他是一个对国家、对民族、对民盟抱有深沉关怀之人。他对于民盟历史的挖掘梳理、对于民盟前贤的回望,无不寄托着他对于当下中国所存问题的忧思和对民族复兴及中国民主政治的期盼。犹记得,有一次关于盟史的讲座报告行将结束时,他给在座听众朗读了一首诗:"生当为盟杰,死亦为盟魂。至今思李闻,不肯苟且生"。他所朗读的这首诗,实际上向我们展示了其志趣。事实上,他的这种真性情,不仅体现在盟史研究之中,在现实生活中他亦如此,时常不顾及其身份与场合,就当下社会的现实问题及民盟的现状与未来率性直言。率性直言批评的背后,是其对国家民族,尤其是对民盟深沉的爱。

海波老师并不仅仅是一位有情怀的资深盟史专家,同时还是一位盟史和民盟精神的布道者。基于对盟史的深厚研究以及他那富有激情而率性的讲述,海波老师常为各级民盟组织邀请前往为盟员讲述盟史,足迹可谓是遍布于祖国的大江南北。不仅如此,他还拍摄录制其讲述盟史的视频,通过网络视频传播民盟历史。有人不解的问他,"您如此辛劳图得是什么?"他的回答是,"让更多的人了解民盟,热爱民盟,为自己是一个民盟人而感到骄傲和自豪",藉此"为实现民盟的初心凝聚力量"。海波老师不辞辛劳的奔走,其背后饱含的是对民盟深沉的爱。正是这份爱,使其忘却了奔波之苦。当然,海波老师的辛劳付出,其收获亦颇丰。每一位聆听过他的报告或讲座之人,无不为其对盟史的稔熟和热情而率性的讲述所折服,纷纷成为其忠实的粉丝。与海波老师一同参加民盟活动时,总能看到众多盟员围聚在他的身旁,或问候、或请教、或切磋……

海波老师,可以说是万千盟员中一位再普通不过的盟员,但他却又是一位极不平凡的盟员。他的不平凡之处,不仅在于其朴实而倔强的气质和对民盟历史的熟稔,更在于他对民盟历史和民盟精神的热爱及真诚的布道。正是因为有海波老师这样的盟员,我们的民盟才那么可爱、有趣!

我们的海波老师

商志刚

　　"海波老师"，这是我和不少中青年盟员对王海波老师共同的称呼，不论何时何地，每次称之，必透出由衷的亲切，亦带着满满的自豪，我们无法亲历"我的朋友胡适之"那样令人神往的时代，却能在今日不时沐浴在海波老师熙熙春风之中，也真是我们的幸福。能不时向这样一位关心国家和民族命运，对民盟事业充满热爱、对朋友真诚以待的今贤请益求教，能不快哉？

　　初识海波老师是在 2008 年的寒冬，彼时，我随民盟卢湾青委会一行参加了拜谒民盟上海市组织筹备处的活动，凛冽的寒风中，一位精神矍铄，激情澎湃、中等身材的长者受邀在昔日的南海花园饭店，今日的上海评弹团向我们讲起了民盟往事，那份对民盟先贤的尊崇之情让人感动，那份对盟史如数家珍般的熟稔运用让人敬佩，那阴阳顿挫的声音又是那么的鲜活生动。海波老师像一团火般点燃了我们心中的激情，我们紧紧围绕在他身边，耳边寒风呼啸，心中却是热情如火，来自各业各业的盟员们不时提出问题，他仔细聆听并一一详解。时隔多年，这一次生动难忘的初识和相聚还会萦绕心间，让人回味。

此次活动后，经组织推荐，我向盟市委试投了《苏步青与卢湾二三事》等拙文，不想竟入海波老师法眼，并很快引荐我加入了民盟市委盟史与理论研究会。这以后，不管是民盟中央层面的"民盟文化论坛"、还是民盟市委与上海大学合办的费孝通学术思想交流会、抑或是民盟市委与上海师大合办的民盟中央一届三中全会70周年纪念会，每一次群贤毕集、交织着智慧光芒和家国情怀的盛会，都能收到他的热情相邀。作为前辈，他总是那样和善可亲的提点我选题并悉心指导我提交一篇文章，受其亲炙提携，我对盟史和先贤的兴趣与日俱增，对民盟的历史与未来也更加清晰。从某种角度而言，我能走到民盟区级机关的专职干部岗位，并在盟务工作上偶有成绩，都是和海波老师密不可分的，是他激发了我对盟组织的热爱，是他让我见贤思齐，努力向上。

海波老师是大家公认的良师益友，他关心并爱护每个他认识的中青年盟员，每个认识他的中青年盟员也都受益并受教于他"选准位、耐寂寞、远是非、控自我"的殷殷劝勉，并在他的言传身教，坐言起行中学习如何为人为学，安身立业。心无旁骛研究盟史的他熟稔民盟史料，并立志于宣讲民盟故事，一处处民盟史迹，一位位民盟先贤往事，总能在他融会贯通的娓娓道来之下引人入胜，跨越大江南北，成为全国盟员津津乐道的"好声音"；文以载道，他以板凳甘坐十年冷的治学精神笔耕不辍，使他笔端带着情感的文字成为各地盟员学习盟史必备的"畅销书"。当我因盟务工作行至山东枣庄、四川成都、贵州毕节、安徽蚌埠时，举凡盟员必主动提起盟史重镇——海波老师，上至主委，下至普通盟员，全国各地盟友眼中由衷的敬仰之意，口中自然而出的服膺话语，也让我们上海盟员与有荣焉。

如果说盟史是一座富矿的话，海波老师无疑是华光四放的一块宝石，熠熠华光为我们有志于研究盟史的中青年盟员照亮了前方的路。儒家言人生有三不朽者：立功、立言，立德也。能文章则称述多，蓄道德则福报厚，海波老师，就是一位才德兼备、景行维贤的民盟今贤！

高朗简率,为人师表
——我所认识的海波老师

束 赟

　　海波老师大作《聆听岁月的脚步》出版后,承蒙相赠,拿到书我便翻阅起来,起初颇觉奇怪,这书里的很多文章是在做细密繁琐的考证的功夫,但是却没加上我们常见的脚注尾注。我甚至略感遗憾,因为这不符合所谓的现代学术规范,也难以让读者转引或进一步检索。但是,当我把这本书细细读完,从条分缕析的"那事篇",到追思回荡的"那人篇",再到平实深至的"那屋篇",我才深深的感叹,这部饱含"岁月",重在"聆听",渗透着人情物意之美的心血之作又岂是所谓的学术规范所能囊括的。

　　书中海波老师的笔调是严谨的,与他平时讲座时的慷慨激昂相比,情感也更加的内敛深至,但是我依旧能体会到那种在波澜壮阔的大时代中才有的忧患与激越,海波老师这样的言说者与书写者总是能与民盟的先贤产生一种跨越时空的共鸣,在字字句句中他仿佛与前辈共同经历着痛快苦涩、寂寞繁华。这种对贤者"了解之同情"的境界背后蕴藏的是作者在种种顺流逆流的人生起伏后的深思,更蕴藏着作者心中一个清明的世界。

　　海波老师的为人也和他的文章一样健朗、真挚、绝无矫饰。我刚刚加入民盟的时候,第一次见到海波老师,他便兴冲冲的对我说"你是不是写过邓初民的文章? 我很感兴趣啊。"我讶异而感动,竟然会有民盟的老师去关注我学生时发表的习作,这是我对海波老师也是对盟市委的第一印象……之后,几乎每次活动遇到海波老师,我都会接到一个新的研究任务:你能不能研究一下罗隆基? 表老对民盟组织的影响你写篇文章吧? 施复亮的政治思想值得研究啊……虽然我以前也做一些近代政党研究,但是在对于民盟研究方面,完全是海波老师在引领和指导着我,一步一步,从陌生到熟悉,虽然海波老师有着他的行政职务,但是我,以及我周围的好多人,大家都是称他为老师,因为,他确实是我们的老师。

　　在海波老师的书里,他将一代人、几代人的情意写得让我们不胜向往,我想,这种向往每到适当的时机,也会激发着后辈的言论或行动。譬如在今天,2018 年的最后一个雪夜,我在灯下写这篇文章,想着海波老师温暖的笑容、爽朗的语调,想着年后大概又可以见着海波老师和马驰老师一起散步谈笑了,真是让人期待呢。

海波老师初见记

郑　昱

　　现在的上海盟员里会有谁不认识海波老师呢？现在的全国盟员里又会有多少人不知道海波老师呢？笔者几年前在上虞开会的时候，遇到浙江民盟的徐老，知道我是上海来的盟员后，立即赠送了一本书给我，说是海波老师第一部著作。书是平装的，名字是《追根寻源话民盟》，没有出版社，没有版权页，没有价格，没有经过装帧设计的封面和封底，在封面书名和作者名字，印着"中国民主同盟浙江省委员会，二〇一五年十二月"。"回去请海波老师签个名吧"，在徐老这样说的时候，我不知道怎么就想起自己第一次与海波老师见面的场景了。

　　是我入盟宣誓的那天，一个星期六的上午，我们这些新人坐在在一辆停在威海路陕西北路民主党派大厦门口的大巴上，巴士上的人来自五湖四海，当时大多彼此不相识，虽然充满好奇，但一时也无从聊起。等待出发的时间有点长，正在无聊中，突然看到有位老先生上了车。老先生个子不高，头发花白，但是精神矍铄，说话洪亮，和司机嘱咐了一下，车就开了。很快老先生和大家交待了一会要去的几个地方。这时我的感觉是,民盟这个党派确实不一般,组织入盟宣誓还聘了导游。巴士一路开着,去了我熟悉而陌生的几个地方、思南路周公馆、徐汇区中心医院里的虹桥疗养院旧址,导游很厉害,说到动情处,如同身临其境;说到细节处,大小事件发生的年月日,都如行云流水般娓娓道来。而我对民盟的惊讶之情就更深了,如此水平的人居然为民盟做导游,这是怎样一个政党呢。最后到了龙华烈士陵园,老先生先带我们向为解放上海献出生命的民盟烈士们默哀,然后带我们集体宣誓——惊动了陵园的保安们,问我们"你们想干什么!",老先生回应说,我们是民盟的,这个时候我才明白,原来一路为我们讲解的导游竟然是市委宣传部的王海波部长—— 一位最不像部长的部长。

时间过去很快,下午回到上海民主党派大厦,一边吃着盒饭,一边听市委的同志告之,接下来由王海波部长为新盟员讲盟史课。那天下午确实是让人终身难忘,海波老师讲到黄任老外圆内方、讲到沈衡老实际上是人如其名、并非后人所言"极左"、讲龙云"原来是我们的人"、讲到大记者陆公的种种遗憾、讲到梁漱溟先生抗战时期与毛泽东通宵夜谈、讲到陶行知先生、闻一多先生和李公朴先生的壮烈、讲到费老的荣辱往事。凡此种种,张石公描绘柳敬亭说书时的"其疾徐轻重,吞吐抑扬,入情入理,入筋入骨",想来也不过如此吧。一日之间,虽然说没有到脱胎换骨的程度,然而作为一个业务的历史爱好者,从此我对海波老师高山仰止、景行行止,仰慕之心未绝。之后的事情,不在这篇初见记的范围之内,容他日再写了。

岁月中的记忆

殷志敏

继《聆听岁月的脚步》《回眸岁月的痕迹》后,海波老师的"岁月三重奏"之《品味岁月的年轮》终于付梓在即。在整理这批文稿的过程中,我也有幸成为了本书的第一个读者,与其说是帮忙整理,不如说是认真拜读。

海波老师的文字都是"自带声音"的。读他的文章,仿佛他就站在你的面前说话,时而娓娓道来,时而饱含深情,时而慷慨激昂。就这样,在不知不觉中被他带进了历史的年轮,走近一位位鲜活的、极具人格魅力的民盟前辈们,接受灵魂的洗礼。而海波老师本人,在我们眼里,也成为了民盟灿烂星河中的一员。

在"感应篇"中,大家纷纷回忆起与海波老师交往的情景。读罢我也不禁打开了记忆的闸门。海波老师初见我应该是在公务员面试那天,我初识海波老师则是在进民盟市委机关报到的那天,人事小锅把我领到宣传部,海波老师笑呵呵地站起来说:"欢迎。"而"新人谈话"的内容简直是一节生动的"盟史课",他让我先深入了解盟史,推荐了很多书,并把陆诒送给他的"四勤"传给我:脚勤、手勤、笔勤、脑勤。

海波老师对年轻人呵护备至,亦是我们的师友。机关里的年轻人们喜欢往他这跑,整天"海波老师,海波老师"地大呼小叫着。每每这时,他便会停下手中的事情,笑眯眯地答应一声"哎!"无论是谈工作、问盟史还是聊生活,他都会不厌其烦地陪着聊天和解惑,直到对方得了满满的正能量满意而去。

而走出机关,我才发现,海波老师的名气比我想象的还要大得多。刚开始跟盟员们联系时,面对陌生的"大神"们,我常常苦于不知如何开场。后来发现了一个秘诀,就是"狐假虎威"地跟人家说:"我是海波老师的手下……"对方马上眼睛一亮,跟我聊起了海波老师,嗯,完美的开场白。有一次在外地开会,遇到个盟内的年轻人,我想他应该不会认识海波老师的,得知我是上海来的,他突然说:"你认识王海波吗?我听过他的讲座!讲到动情的时候,我都快跟着流眼泪了。有个比喻不知道合不合适,我喜欢看宗教的东西,当时就感觉他是一个传道者。"

回来后我把这个比喻告诉海波老师,他哈哈大笑。在海波老师面前,是很自在的,"如沐春风",也不怕说错话。他跟我说:"人生苦短,想说什么尽管说,别把自己憋着,想做什么就放手去做吧。"他自己就是个敢说敢做的人,针砭时弊,酣畅淋漓。但是我想,只有像他这样有学问、有本事的人,才能这样的自由自在吧。

海波老师就是一部"盟史百科全书"。那两年,我坐在他对面,只要想起什么,例如这位大家是不是盟员?那两个人关系怎样?这个人在这个历史事件中有什么表现?等等。这些查资料都不一定能找到答案的问题,只要抬头问下海波老师,不但能得到答案,还会在他滔滔不绝的扩展式回答中得到很多意外收获。其实,生活中的海波老师记性并不好,经常忘事,不过一旦涉及到盟史、盟员,他却记得清清楚楚,如数家珍。这个特征让我想起了陈子善老师,我把它称为"选择性记忆"。他们都是藏有大智慧的人,生活中的种种琐事,如过眼云烟,并没有入他们的"法眼"。所以不管遇到什么事,他们都能保持乐观、豁达的心态。海波老师如此,子善老师如此,民盟中的很多大家皆是如此。

转眼海波老师已经退休一年了,他仍然是那个有活力、有干劲、心态比我们都要年轻的"海波老师",讲座邀约不断,新作佳作频出。作为学生的我们也要加倍努力才是,方能不负他的殷殷教诲之情。

图书在版编目(CIP)数据

品味岁月的年轮/王海波著.—上海:上海三联书店,2020.

ISBN 978-7-5426-7146-2

Ⅰ.①品… Ⅱ.①王… Ⅲ.①纪实文学—中国—当代 Ⅳ.①I25

中国版本图书馆 CIP 数据核字(2020)第 153632 号

品味岁月的年轮

著　者　王海波

责任编辑　钱震华

装帧设计　陈益平

出版发行　上海三联书店

　　　　　中国上海市漕溪北路 331 号

印　　刷　上海晨熙印刷有限公司

版　　次　2020 年 8 月第 1 版

印　　次　2020 年 8 月第 1 次印刷

开　　本　700×1000　1/16

字　　数　200 千字

印　　张　15.5

书　　号　ISBN 978-7-5426-7146-2/K·597

定　　价　58.00 元